中学德育工作建设研究

陈军民◎著

吉林出版集团股份有限公司
全国百佳图书出版单位

图书在版编目（CIP）数据

中学德育工作建设研究 / 陈军民著 . -- 长春 : 吉林出版集团股份有限公司 , 2022.9
　　ISBN 978-7-5731-2526-2

Ⅰ . ①中… Ⅱ . ①陈… Ⅲ . ①中学 – 德育 – 研究 Ⅳ . ① G631

中国版本图书馆 CIP 数据核字 (2022) 第 180501 号

中学德育工作建设研究
ZHONGXUE DEYU GONGZUO JIANSHE YANJIU

著　　者	陈军民
责任编辑	王　宇
封面设计	李　伟
开　　本	710mm×1000mm　　1/16
字　　数	206 千
印　　张	11.5
版　　次	2023 年 3 月第 1 版
印　　次	2023 年 3 月第 1 次印刷
印　　刷	天津和萱印刷有限公司

出　　版	吉林出版集团股份有限公司
发　　行	吉林出版集团股份有限公司
地　　址	吉林省长春市福祉大路 5788 号
邮　　编	130000
电　　话	0431-81629968
邮　　箱	11915286@qq.com
书　　号	ISBN 978-7-5731-2526-2
定　　价	69.00 元

版权所有　翻印必究

作者简介

陈军民 北京市平谷区第四中学校长。全日制博士学历,南京师范大学课程与教学专业毕业,中学高级教师,研究方向:德育管理、教育教学管理。曾被评为全国基础教育先进个人、省高层次人才(省中青年学术技术带头人)、省级优秀校长、市优秀科技专家、市拔尖人才、市高层次人才、市学科带头人等。在《人民教育》《教学与管理》等核心期刊发表了多篇论文,主持多项省市级规划课题,多次被邀开设省市级讲座。教育教学管理经验丰富,历任江苏省省级示范初中校长、江苏省省级重点普通高中校长、县教育局基础教育科科长(副局长级),2019年被浙江省宁波市引进,2022年再次被北京市平谷区引进。办学主张——持法有恒,养正出精;德育主张——构建"新""城"时代的德育生态园。

前 言

时代的大变化，往往导致社会的转型，包括经济形式转型、文化心理转型、社会治理转型，随之便会引起社会心理发生变化，从而导致思想品德和教育心理的变化。社会转型必然对无数人产生刺激，带给每个人心理冲突和心理压力。青少年学生正处于成长阶段，此时的心理易随着生理的变化而发生巨大变化，非常脆弱而不稳定，又加上转型期社会因素变化带来的心理冲击，这就势必对其心理和思想产生很大的影响。学校的工作重点是教育教学，但做好德育工作是做好教育教学工作的前提。中学德育工作是一项艰巨和复杂的系统工程，作为教育工作者，教师要根据每个学生的差异性，对需求比较大的学生进行针对性的提升，使学生能够逐渐在教师的关心下提高自身的道德素质。教师要善于运用现有资源，积极筹划校园德育活动，引导学生积极投身德育实践，助推学校德育工作建设迈向一个新台阶，着力培养合格的建设者和接班人。

本书第一章为中学德育工作概况，分别介绍了中学德育工作现状、中学德育工作目标和中学德育工作原则三方面内容；第二章为中学思想政治教育，主要内容包括思想政治教育理论分析、中学思想政治教育探究和中学思想政治教育路径；第三章为中学德育建设分析，详细论述了中学德育基本内容、中学德育课程建设、中学德育活动实践和德育评价转向与实施四方面内容；第四章为中学德育建设新发展，内容包括家校协同德育建设、大数据与德育建设、班主任与德育建设和中学德育与学科教学；第五章为中学校园文化建设，分别介绍了校园文化的德育价值、校园文化建设的思考和繁荣校园文化的路径三方面内容；第六章为中学德育工作建设展望，主要从中学德育工作面临的新挑战、中学德育工作建设思考和策略、中学德育工作建设发展趋势三个方面进行论述。

在撰写本书的过程中，得到了许多专家学者的帮助和指导，参考了大量的学术文献，在此表示真诚的感谢。本书内容系统全面，论述条理清晰、深入浅出，但由于作者水平有限，书中难免会有疏漏之处，希望广大读者及时指正。

作者

2022年1月

目 录

第一章　中学德育工作概况······1
第一节　中学德育工作现状······1
第二节　中学德育工作目标······9
第三节　中学德育工作原则······14

第二章　中学思想政治教育······21
第一节　思想政治教育理论分析······21
第二节　中学思想政治教育探究······27
第三节　中学思想政治教育路径······32

第三章　中学德育建设分析······43
第一节　中学德育基本内容······43
第二节　中学德育课程建设······47
第三节　中学德育活动实践······55
第四节　德育评价转向与实施······62

第四章　中学德育建设新发展······69
第一节　家校协同德育建设······69
第二节　大数据与德育建设······81
第三节　班主任与德育建设······91
第四节　中学德育与学科教学······110

第五章　中学校园文化建设 125
第一节　校园文化的德育价值 125
第二节　校园文化建设的思考 129
第三节　繁荣校园文化的路径 135

第六章　中学德育工作建设展望 143
第一节　中学德育工作面临的新挑战 143
第二节　中学德育工作建设思考和策略 148
第三节　中学德育工作建设发展趋势 164

参考文献 175

第一章　中学德育工作概况

在新课程改革背景下，中学教学过程中愈发注重德育，已经将德育融入课程教学中，确立了"德育为先，立德树人"的教育教学理念，很好地增强了德育工作的针对性、有效性、全面性、主动性及经常性。本章主要论述中学德育工作概况，分别从中学德育工作现状、中学德育工作目标和中学德育工作原则三方面进行详细介绍。

第一节　中学德育工作现状

德育可以分广义和狭义：广义的德育涵盖着社区德育、社会德育、家庭德育与学校德育；狭义的德育专指学校对学生所开展的德育，即向学生进行品德教育活动。对于中学阶段的学生来说，他们正处于身心发展的关键时期，此阶段会有较多的逆反心理，开始变得特立独行，并且有很多学生会出现心理问题。考虑到中学教育教学的特殊性，教师在开展德育时要非常注重方式方法的创新，努力吸引学生主动参与到品德教育活动中，让他们可以在自主和快乐中接受德育。在日常所开展的教育教学过程中，必须始终将德育贯穿其中，对学生开展有效且趣味性较强的德育和心理健康教育，以求让他们在潜移默化中接受到良好的品德教育，可以在今后的学习和生活中获得良好的发展。客观分析当前的德育工作现状，有助于发现目前德育管理和教育当中存在的不足，从而在制定工作方案的过程中提出针对性的解决方案。

一、中学德育工作开展的重要意义

（一）规范学生道德实践

中学生承担的学习压力逐步提高，课堂上并没有留出较多时间对学生进行德育教学，教师需要用好课堂上有限的时间督促学生塑造正确的思想品德，激励学生踊跃投入到生活道德实践中，实现理论和实践学习的结合。优良的思想道德品质，会让中学生获得他人的肯定与赞赏，而学生也能够在这样的体验当中感受道德实践的乐趣。因为中学生的认知能力已经有了很大程度的提高，他们可以在一次又一次的生活道德实践当中分清行为对错，学会明辨是非，进而提高个人的道德修养。

（二）促进学生全面发展

中学德育在教学历程中的不断演变，无疑会促进学生的全方位发展，从而提高学生的综合素质。德育在教学中占据十分重要的地位，这也使得学校对学生的品德教育方面更加关注。德育的强化，也意味着学生品德的优化，在学生形成世界观、价值观、人生观的过程中，品德教育的选择在其中有着不小的影响。对于学生的品德教学，可以渗透进其学习生活的方方面面，因此，德育工作对于学生而言是十分重要且具有实际意义的。可以说，品德教育对于学生以后的身心发展以及学习经历都有着不可忽视的作用。不同的教学模式也发挥着不同的效用，这些效用综合起来促进着学生的全面发展。

（三）增加学生的幸福感

中学生虽然处在一个自我意识觉醒，甚至是自我意识非常强烈的阶段，但是并不是说学生就不希望与人交流交往，反而是渴望获得认可并彰显自己的存在感。一个具备良好道德修养的中学生，在日常学习生活当中也会更受他人肯定，他人的夸赞与认可，会让他们感受到学习生活的乐趣。拥有良好品质的中学生往往会吸引更多优秀朋友，促使学生拥有舒适融洽的交际圈，并让学生在这一过程当中获得更大的幸福感。

（四）加强师生之间的沟通

选取合适的德育工作方式，对于德育教学进度和教学质量都是大有帮助的。德育工作与教书育人的原则十分契合，都旨在促进学生的品质发展和素质提升，从而使得师生之间的交流更加顺利。师生间的沟通是德育教学过程中必须进行的环节，便于教师对学生具体情况的掌握，也有利于学校的管理。同时，德育的开启，也加强了师生之间的沟通，让学生可以直接表达自己的想法，使得教师的教学工作开展有更加切实的依据。从某种程度上说，教师与学生的交流，大部分发生在德育进行的过程中。随着德育教学的逐渐深入，师生间的交流程度也逐步增加，教师对于学生情况的认识更加深刻，以便达到较好的教学效果。对于学生德行的培养，一直处于教学的首要地位，这不仅是因为德育具有的有效性，还包含着德育教学在师生交流方面的优越性。

（五）优化课堂内容，提高教学质量

根据教学的实际情况，选择相对应的德育方法，可以为教师的备课提供更多的空间，从而促进课堂内容的优化，使得教学质量能逐步稳定提高。随着品德教育的加深，学生的素质得以提高，课堂的教学效率也会随之增加。教师在开展德育工作时，采用的内容不同，所对应的教学方法也不同。教师在使用这些教学方法时，会反复地教学演练，从而保证教学的进度。在取得德育成果的同时，也能引发学生的学习动力，让课堂的氛围保持活跃。

二、中学开展德育工作的紧迫性与必要性

（一）紧迫性

第一，部分学生崇拜个人主义和享乐主义，理想信念缺失。中学生正处于个人思想品德和价值观念逐渐形成的关键时期，有些人面对海量的信息无法甄别，容易在思想意识方面出现偏差。主要表现为，对腐朽没落的生活方式的向往和崇拜，出现拜金主义和享乐主义，把对物质生活的追求和满足同人生价值的实现画上等号。在日常的生活中存在极端个人主义，表现为只从自己个人利益的角度出发去思考问题，不顾他人和集体的利益。

第二，性格、情绪冲动易怒，自制能力较差。中学生活泼好动，行动力强，做事比较莽撞，有时会不计后果。同时，由于中学生社会经历少，他们对事物的认识有时会较为简单和片面，思考不够成熟。基于这些原因，当中学生遇到问题、矛盾和冲突的时候，一旦认识上出现偏差，他们的情绪就会得不到控制，往往表现得较为激进。

（二）必要性

首先，端正思想，树立坚定的理想信念。中学生是教育培养的中坚力量，国家和民族的希望在他们身上。然而一些学生理想信念日益缺失，思想品质逐渐腐化，对中学生的道德培养和思想品质形成造成严重的负面影响。

中学生尤其需要坚定理想信念，因此中学生德育建设工作显得尤其重要。加强中学生的德育建设工作，可以帮助他们形成正确的世界观、人生观和价值观，有明辨是非对错的基本能力。

其次，以德导行，养成规范意识和文明行为。学校教育以立德树人为基本出发点，帮助学生培养并形成一定的思想道德素质、科学文化素质、身体心理素质和劳动技能素质。无论最终的培养目标有多么千差万别，立德树人和对学生思想道德素质的培养应始终被放在首要位置。

青少年阶段是人生的拔节孕穗期，最需要精心引导和栽培，因而学校教育在中学生成长过程中的作用显得尤为重要。只有加强中学生的思想政治工作，通过多种途径为学生创建良好的德育环境，才能充分发挥德育的积极作用，以德促行、以德导行，在学生思想道德素质提高的基础上，逐渐养成文明礼仪的行为习惯，促进学生规则意识的形成，努力成为遵守行为规范的合格学生和合格公民。

最后，德育工作是衡量学校教育工作开展情况的重要标准。中学教育是学生未来发展的关键阶段，中学生时期，中学生的思想观、人生观和价值观逐渐趋于成熟，文化水平、认知能力等也具有了初步的发展。基于上述情况，在中学教育阶段，应当对其实施怎样的教育，将直接关系着其未来人生的发展方向，甚至前途和命运。

按照我国教育事业发展的总要求，应当将中学生培养成德智体美劳全面发展的、对未来社会主义建设事业有用的人才。德育工作在学生的能力素质的培养过程中发挥着极为关键的作用，可以说，德育工作是衡量学校教育工作开展情况的重要标准，只有学校的德育工作卓有成效，学生高尚的思想和道德情操才能得到正确的养成，才能符合社会主义教育事业的基本方向和要求，才能将德育的功能和价值渗透到各个学科的教学中来，从而为提升人才培养质量打下坚实的基础。这也就是说，德育工作不管是对学生的健康成长而言，还是对学校教育事业的发展而言，都发挥着基础导向作用。德育工作想要取得显著的成效，并不是一朝一夕可以实现的，而是需要多年的精心努力和培育，这样才能为国家和社会培养所需人才。因此，学校必须要将德育工作放在首要位置，严格秉承"先立德，再树人"的教育理念和原则，对德育工作实施精细化管理，促进各项德育工作措施充分地贯穿、落实到日常教学实践中来，覆盖到学生学习生活的方方面面，确保德育工作在推动教育事业的发展过程中发挥出应有的作用和效果。中学生是国家未来发展的希望，是社会主义建设事业的接班人，作为一名教育工作者，对中学生的教育不能仅停留在知识教学上，更是要对学生的思想品质、道德情操等进行正确的引导和教育，树立正确的思想观、人生观和价值观，努力赋予学生满满的"正能量"。

三、中学德育工作取得的一些成绩

（一）德育课程体系

进入21世纪，随着时代的发展和社会的变化，中学德育课程的发展大致经历了两个阶段。

2016年秋季以前，根据《义务教育品德与生活课程标准》（2011年版）、《义务教育品德与社会课程标准》（2011年版）、《义务教育思想品德课程标准》（2011年版）、《普通高中思想政治课程标准（实验）》，中学德育课程由初中思想品德、高中思想政治等课程构成。

面对经济、科技的迅猛发展和社会生活的深刻变化，面对新时代主要矛盾的转化，面对新时代对提高全体国民素质和人才培养质量的新要求，面对我国基础教育改革的新形势，教育部开展了义务教育阶段德育课程教材修订和普通高中课程标准修订工作。2016年6月，教育部、司法部、全国普法办印发《青少年法治教育大纲》，在中学开设法治教育课，对学生加强以宪法教育为主线的法治教育，着力培养学生的法治意识。从2016年秋季入学起，初中思想品德课程更名为义务教育道德与法治课程，强调德法兼修，课程名称和课程内容发生了较大的变化。2017年秋季学期起，义务教育阶段初中学段起始年级统一使用教育部组织编写的道德与法治教材。2018年1月，教育部颁布了《普通高中思想政治课程标准（2017年版）》。至此，国家设置的中学德育课程，由初中道德与法治和高中思想政治等课程构成。

另外，中学德育课程还包括地方和学校开发的德育课程。其中包括地方和学校利用区域特色德育资源开发德育地方课程和校本课程，引导学生了解家乡的历史文化，培养热爱家乡的情感。根据国家的需要和社会发展的要求，开设时事专题课程等。

当前，我国中学德育课程基本形成了初中、高中等学段纵向上相互衔接、横向上学科内容相互融通、与学科核心素养相契合、符合学生认知规律和成长规律的德育课程体系。

（二）德育体系

我国教育改革对德育的重视程度越来越高，德育工作开展了一系列活动，针对德育的教材和教育模式改革进行研究。研究者依据教育科研课题，聘请专家对中学校长、德育分管教师、中学班主任进行德育专题培训，在各地大力推行感恩教育和诚信教育，并将这一教育改革进程在社会范围内分享。中学注重德育工作，加强环保、诚信、友善及社会主义核心价值观的教育，使中学生的德育水平显著地提升，在积极推进德育课程一体化的过程中，各个学校形成分年级段的德育纵向衔接体系，加强关于德育工作的组织和领导，建构依托于"学校——家庭——社会"三方面的德育体系，推进中学生德育和家风教育的发展进程。

四、中学德育工作存在的主要问题

（一）"德育优先"被"应试优先"取代

在整个基础教育系统，传统"应试教育"观念还没有彻底改变，出现重视学生考试分数，忽视其他方面的现象，在应试教育观念下，一些学校、教师以提高学生的成绩为最终目标，评价学生的标准也仅仅是学生的成绩，导致很多家长也受到影响，尤其看重学生的成绩。为了提高学生的成绩，给学生报各种补习班，这给学生造成了巨大的压力，教师和家长都忽略了学生的德育。于是，德育就成了学校应付上级部门检查的一个面子工程，德育主要就成为"做好大扫除""不能迟到、不能旷课、上课不能讲私话"的日常纪律教育。在工作评价方面，抓学生分数、及格率、优生率能看得见，立竿见影，但德育往往难以用硬杠子来比对，好坏似乎不好说也看不见。于是，抓智育名利双收，家长看分数，教委看三率，评优彰先、评职晋级等，也是看分数、看三率。德育则难以量化，造成在上级部门对学校的督导评价中，上级部门对各校德育工作都打差不多的分，只有分数等级才能明确拉开差距。

而且很多学校为了提高学校的升学率而设置各种优惠政策，比如奖学金、学费减半等来吸引更多成绩优秀的学生，这一行为也易教育的平衡，不利于学生的成长。教师重视学生成绩的现象也越来越突出，在课堂中教师易关注的成绩好的学生，学生之间的差距逐渐加大，成绩好的学生越来越好，成绩差的学生越来越差。在这个过程中，教师如果没有关注德育，很多学生在思想品德教育方面严重缺乏，就不利于学生的长远发展。

（二）德育工作方法单一

过去，在我国中学德育教学过程中，很多学校对德育对象的预见性不强，针对有新情况、新问题和新挑战的德育工作缺乏一定的规划，且德育工作方法相对单一，很难实行有效的德育手段，导致德育工作逐渐成为一种形式。并且，在学生管理过程中，教师实行高压式教育教学方式，制定了一系列规章制度和奖惩条例，单纯地将学生作为教育对象进行说教，导致学生产生排斥心理，严重影响着德育工作的实效性。很多中学缺乏对德育课程教学的重视，没将德育工作渗透到各个学科教学中，确保不了德育教学的时间，还有一些教师只注重教学、不注重学生综合素质的培养，没有将教学和实践联系起来，导致学生产生厌学情绪，严重影响德育教学途径的畅通性，无法发挥出主渠道的作用，阻碍了学校德育的有效实施。

（三）德育培养模式缺乏新意

很多中学教育工作者认为，学生只要能够努力学习，就具备了良好的德育素养。这样的德育观念已经远远不能满足新时代的德育需要。与此同时，中学德育的手段相对滞后，很多学校的德育依然停留在班主任简单的日常管理层面上，学生很难主动地培养自身道德品质。学校在开展德育工作时，形式过于单一，一般是通过理论讲解的方式进行德育，教师在课堂中一味讲述各种思想道德理念，内容陈旧，又因为中学阶段的学生理解能力和认知水平不高，所以很多理论知识并不能被完全理解，无法体会德育的意义。并且一些理论知识与生活的联系不大，学生的兴趣也不高，这就造成了德育工作效率低下，不能达到德育的目标。中学德育培养模式缺乏新意的问题，还体现在学科德育缺失的层面，很多负责具体学科的教师认为，德育完全是班主任的工作职责，对自身的学科德育建设却不闻不问，所以不利于学生全面发展不同学科的德育素养。

（四）德育培养管理意识薄弱

在当前我国的中学教育阶段，由于考试的压力，使得中学教师普遍易注重对于学生的学习管理，而忽视对于学生的德育培养及管理。在一些中学，往往只有在出现问题之时，教师才会对学生实施德育管理，在这样的被动的德育培养模式下，使中学生的德育管理陷入了被动的局面。而一些中学生由于学习的压力，很少关注自身的德育发展，造成在日复一日的学习生活过程中，德育素养停滞不前。

（五）德育价值取向存在不稳定性

经济全球化的特征越来越明显，各国之间联系密切，各种思想、文化流入人们的生活中。在当前的社会环境下，经济、文化的多元化发展，使得社会的思想潮流不断发生变化。环境的改变对人的德育价值取向会产生一定影响，对于中学生来讲，正处在价值观形成的关键时期，所以一些思想观念的流入对学生正确人生观、价值观以及世界观的形成有着不利影响，容易出现德育价值偏差。环境的不同会造就不同的道德观念，各种思想观念融合在一起，价值观念逐渐呈现多元化状态，学生会在思想观念形成上出现迷茫，因为这个阶段的学生没有良好的判断力和接受能力，中学生的德育价值取向存在不稳定性。所以在面对学校的德育工作时就会出现明显的抵触情绪，不利于开展德育工作。

此外，经济全球化的发展很好地推动了文化多元化融合，在这样的环境下，享乐主义、拜金主义等思想出现，对传统的道德观念产生了较大侵蚀。中学生的价值观还没有成熟，思想容易受到外界环境的影响，缺乏社会责任感，在价值取向上表现出一定的功利性。

（六）家庭德育存在缺失

德育的良好开展除了需要学校的有效落实外，还需要家庭的配合和辅助。从现实状况来看，部分学生家长对此缺乏正确认识，认为德育是学校的职责，和家庭没有太大关系，忽视了孩子的德育发展。部分家长自身的德育价值取向存在问题，没有为学生树立良好的德育榜样，学生受到影响，德育价值取向也发生偏差。

（七）中学德育观念相对落后

受到传统教育思想局限，中学德育观念相对落后，需要进一步优化改善：（1）对德育的理解比较模糊，未明确德育具体内容与目标，导致中学德育活动出现无序化特征。此外，因德育内容与目标不明确，学生对于德育理念出现了差异化理解，不利于学生德育素质的提升。（2）现阶段中学德育主要停留在摸索阶段，尚未形成规范化体系，虽然在不断实践中学校开始将德育渗透至学科教学中，但是德育知识与学科知识的融合层次较浅，学科课程中的德育元素仍需进一步挖掘，以此完善中学德育体系。（3）当前德育普遍以理论化形式存在，通过讲授的形式，将德育知识传递给学生，但仅从理论层次上无法使学生深入理解德育知识，继而削弱德育实效，因此，在中学教育阶段，应结合学生认知组织多元化实践互动，通过理论联合实践提高德育质量。

（八）中学德育师资力量不足

在开展德育的过程中，承担德育的主要角色就是教师，学生出现任何违规乱纪的行为，都是由教师进行德育。但是纵观当前的中学院校，教师既要负责德育工作，同时又要担任任课教师，班级里面学生的较多，教师的精力是有限的，这样很难兼顾到每一位学生。这样不仅不能取得良好的德育效果，还可能影响教学的质量。

（九）学生思想易受不良信息影响

目前信息技术突飞猛进，对人们的生活产生了非常明显的影响，几乎每个人都无法脱离网络而生活。在中学阶段，越来越多的学生接触互联网，信息传播非常迅速，同时在信息管理方面也存在着一些问题，使不良信息、不良思想等进入学生的视野。这个阶段的学生身心发育并不完全，容易受到这些不良信息和不良思想的影响，从而做出一些对社会、对自身不利的举动，影响了学生身心健康的发展。并且，网络上的各种信息吸引着学生，与学校传统的德育教学模式相比，学生更容易被网络吸引，所以对学校开展的德育教学活动不感兴趣，就会影响学校德育工作的开展，不利于学生综合能力的提高，难以落实素质教育的要求，影响了人才的培养。

第二节 中学德育工作目标

德育是新课程改革向中学阶段教学工作所提出的重要要求，必须视为一项硬指标来贯穿落实。基于中学阶段学生的身心发展特点，为确保德育的有效性与常态化，教师必须充分明确德育的工作目标，始终在德育的大方向上保持正确与科学。

2017年我国教育部召开了第六次"教育金秋系列发布会"，教育部基础教育司重点强调了《中小学生德育工作指南》的相关教育内容，这是指导和规范我们基础教育环节德育工作的重要文件，它明确了小学低年级、小学中高年级、初中学段以及高中学段这四个阶段的德育工作目标，这使我们广大的中小学教师和管理者在实施德育中找到了方向。《中小学生德育工作指南》中提出的德育总目标为"培养学生爱党爱国爱人民，增强国家意识和社会责任意识，教育学生理解、认同和拥护国家政治制度，了解中华优秀传统文化和革命文化、社会主义先进文化"以及"促进学生核心素养提升和全面发展，为学生成长奠定坚实的思想基础。"，当然，也针对一些细节，提出了细致的德育工作目标，有了这些文件的指导，我们在实施德育中，就有了强有力的工作依据。

学校教育的基本任务就是立德树人，让学生通过知识的熏陶，思想的认同，形成好的人格。立德树人最重要的就是"德"，就是要培养中学生的思想政治素养和道德品质，帮助其形成正确的人生观和世界观，为学生以后的学习和发展打下良好的基础。中学德育目标体系主要包括德育目标、德育方法、德育途径、德育评价等，教师应该改革传统德育模式，利用形式多样的教育活动创新德育体系，结合学生实际情况，为学生创造良好的德育环境。学校德育体系的构建是一个庞大的"工程"，需要全体教师共同努力，为学生形成良好的思想道德提供保障。

随着新课程改革的不断深化以及素质教育的发展，我国教育事业要始终秉持着"教育德为先"的宗旨，以课程为载体，构建新型的德育模式。帮助学生树立正确的思想，建立起与社会主义核心价值观相符合的观念。

一、中学德育工作目标的概念

中学德育工作目标是教育者依据教育目的，通过德育在中学生品德发展上所要达到的总体规格和要求，即中学德育所要达到的预期目的或结果。它是德育活动预先设定的标准。德育目标反映了教育目的在思想品德方面的规格，是教育目的在德育方面的具体化和规范化。德育目标是德育工作的出发点，也是衡量和评价学校德育工作优劣的标准。它决定着德育内容的确定、德育方法和形式的选择运用、德育效果的检测与评定，对整个德育过程具有导向、选择、协调和激励的作用。不同的社会、不同的历史阶段、不同的年龄阶段的学生德育的目标也不相同。我国学校德育目标主要通过我国有关德育的指导方针、教育政策法规等体现出来。

二、中学德育工作目标确立的依据

（一）我国社会发展提出的新要求

国家要求培养什么样的人才，这是制定中学德育目标的根本依据。随着社会的发展，国家在不同历史时期的中心任务不同，德育目标也就发生相应的变化。在党的十一届三中全会以后，中心任务转向社会主义现代化建设，"社会主义现代化的建设者和接班人"就成了这个时期的培养目标。当前，我国正处在实现中华民族伟大复兴的关键时期，所以德育目标应体现社会发展的要求。

（二）中学生身心发展的特点和规律

中学德育目标的确定要考虑中学生身心发展的要求，要适应中学生身心发展的特点和规律。不同年龄阶段学生的身心发展具有不同的特点，德育目标也要有所区别。要考虑青少年思想品德的现状。社会发展变化快，德育对象的思想特点也会发生一些新的变化，如当代青少年处于生理成熟期，自我意识增强，自主要求增多，物质生活与精神生活需求提高等。德育目标的确定要考虑这些变化，努力促进受教育者充分发展。

（三）我国的教育目的

德育目标的确定要依据我国的教育目的，马克思主义关于人的全面发展学说是确立社会主义教育目的的理论基础，也是我们确立德育目标的指导思想。

三、中学德育工作目标的具体内容

（一）培养学生爱党爱国意识

强化中学生的爱党、爱国教育，是必不可少的，这是中小学德育总目标的重中之重。有句歌词唱得好，一玉口中国，一瓦顶成家，家是最小国，国是千万家。正是因为有千千万万个爱国、爱党的中华儿女，我们的心才能连接在一起，才能实现中华民族的伟大复兴。作为中学教师，有必要让每一位青少年树立伟大的爱国之志。比如，我们可以在班会上，组织学生进行文艺汇演，如"我为党来献首诗""铭记历史，不忘先烈"的故事演讲会，以及"爱国从小事做起"的漫画评比活动等，学生可以在班会上朗读、歌唱、跳舞和讲故事，可以将对祖国的热爱，以及在抗战过程中英勇牺牲的同志的缅怀、感恩之情，用自己的方式表达出来，更好地传递给身边的同学，使得感恩、报国的种子在内心深处扎根，待其成长，总有一天用自己的才能去报答祖国。

（二）培养学生良好的行为习惯

习惯是指通过无数次的重复或练习而逐步固定下来变成自动化的行为方式。对于中学生而言，他们的认识水平不高，若不注意培养，就有可能养成不文明、不道德的行为习惯。俗话说："嫩枝易弯也易直。"中学是学生行为习惯养成的关键期，中学生具有很强的可塑性。因此中学德育的重点是培养学生良好的道德行为习惯。教师要抓住这个关键期，着力提高学生的道德认识，培养学生良好的学习习惯、卫生习惯、劳动习惯等。

（三）培养学生的核心素养

对学生核心素养的培养不仅仅需要注重学生的文化能力基础，更要注重学生自我学习意识的提升，积极增强学生的社会参与性，全面提升中学生综合素养水平，推动中学生德智体美劳全面发展。简而言之，核心素养能力是指学生能够具备适应未来社会发展需求的必要能力和关键品格。在教育教学过程中融入对学生核心素养能力的培养,其主要目的便是培养学生思想道德素养及学习能力全面进步提升。

1. 培养科学精神

在中学阶段的德育教学过程中,科学精神是核心素养培养的重要内容,是学生认知世界、改变世界的精神价值取向。同时,对于我国传统文化而言,其历经岁月的洗礼,其中一些文化精髓流传至今,影响着人民的信仰及审美,也决定着国人的价值取向和思维方式。在培养学生科学精神的过程中,教师应当有效融入一些传统文化内容,使学生在学习文化知识的过程中同时掌握良好的判断能力及问题分析能力,逐渐使学生形成求知、务实、实事求是的科学精神。例如,在进行有关文化生活的教育教学过程中,围绕学生科学精神开展培养与教育,教师需要首先引导学生认识文化创新与社会实践之间的联系,对我国优秀的传统文化要具备积极传承、有效创新的思想理念,这样才能更好地推动传统文化的发展。在对学生开展科学精神培养的过程中,应当引导学生摒弃守旧主义、封闭主义、民族虚无主义、历史虚无主义。为了能够更好地使学生理解何为文化创新,教师可以在实际教学过程中组织学生欣赏各类文化创新作品,在这个过程中学生能够感受到文化创新的价值,使其从中理解和认识文化的创新需要自身民族特色的坚持。

同时,在为学生讲解有关民族文化融合的知识内容时,教师还要紧密联系有关"文化的影响""文化的多样性与文化传播"的知识内容,在讲授文化融合的过程中,教师应当吸收国外文化的有益成果,不断完善民族文化创新与发展。利用这种方式,能够促使学生意识到文化的创新及发展需要坚持正确的道路,不能让外来文化主客易位,也不能封闭自我文化,要潜移默化地提高学生科学精神及文化自信。

2. 深化政治认同

政治认同简要概括便是指坚持中国特色社会主义道路,切实弘扬社会主义核心价值观。倘若学生具备良好的政治认同意识,就能够使其形成正确的思想道德观念及价值标准。教师应当积极进行引导,促使学生学习有关政治生活知识,提高学生对社会主义理念的认同感。中学阶段的政治教育内容具有较强的抽象性,但同时又与学生的实际生活紧密联系在一起,教师应当利用切合学生实际生活,贴近社会实际的案例引入课堂,以更好地培养学生政治思想意识,提高学生的政治认同意识。

教师可以借助视频、实例等方式有效提高课堂教学效果,学生也同样能够利用较为理性的观点剖析问题，对待生活中的实际问题，深化学生理论知识与实践活动的认知，使其能够利用客观的态度评价社会中的各种事件。在为学生引入社会热点话题的过程中，教师可以针对一些时政性的新闻进行解析，使学生能够借此了解我国社会制度及各项政策，鼓励学生积极分享自己的所见所闻。同时，教师还可以利用对比的方式，对比我国与其他西方国家的政治体系特点，使学生感受社会主义制度的优越性，提高学生的认同感。

3. 强化公共意识

在当前教育教学体系改革优化的背景下，教师应当注重对学生核心素养能力的培养，在课堂教学过程中，教师应当重点培养学生的社会责任意识。但是，在实际教学过程中，很多学校限制学生参与各项社会实践活动，取而代之的往往是更多的考试及课堂练习。为此，教师应当强化学生的思想价值观念，培养学生正确的情感态度，引导学生积极关注社会事件。

教师可以组织学生通过主题班会、板报宣传等方式向学生渗透正确的社会生活理念。学生在日常的资料搜集过程中，也可以借助互联网资源、广播电视频道等以学习小组的方式针对某一实例进行探讨。利用这种方式组织学生探究社会公共问题，能够激发学生参与社会活动的意识，及时使学生意识到自己的社会责任。在参与社会实践的过程中，学生自身的政治学习热情能够得到有效的提升，不断增强自身参与公共事务的热情与素养，并强化这一意识。在当前新时期教育理念背景下，教师应当为学生提供更为丰富的社会公共参与平台，积极组织学生参与各项社会实践活动。

例如，教师可以针对中学生群体开展"良好家风我传承""国际会议模拟""历史事件讲坛""热点新闻追踪报道"等实践性活动。与此同时，教师还可以组织学生开展丰富的社团类活动，利用相关政治职能运行模式，构建班级各项规章制度，还可以在节假日期间组织学生开展有关文化调查类活动，为学生的家乡发展共谋策略。在这样的活动氛围中，学生能够切实感受到思想政治的魅力，强化学生的政治学习意识，培养学生核心素养理念。

（四）培养学生德行

拥有合适的目标才能让学生朝着正确的方向前进，教师应该明确要把学生培养成一个什么样的人的目标：学生应该是在私德上尊重他人，保持良好的行为习惯，有礼貌等；在公德上要爱护公共环境，遵守公共秩序；在职业道德教育上要热爱学习，及时完成学习任务。老师将这些目标细分到日常教育中，不断实践，最终达到想要的结果。

在针对学生私德方面，要培养学生养成良好的行为习惯，在平时的班集体大扫除中，将任务分配给每个学生，让学生之间互相监督，准确并且快速地完成任务，培养学生的责任感和对任务完成的积极性；在日常生活中可以要求学生将自己的物品摆放整齐，不把废纸屑扔到地上，让学生保持自己周围环境的干净整洁，这都是培养学生爱干净、守秩序的好习惯的策略；对于学生其他私德方面的培养，教师应该深入到学生学习生活中的方方面面，包括上课前的一声老师好，这也是对学生的德育。

对于学生的公德培养，首先体现在让学生多换位思考，不将废纸乱扔以及对于公共环境的爱护和保护等方面。班级制度的制定和执行也是为了培养学生遵守公共秩序的习惯，让学生明白什么是可以做的，什么是不能做的，这件事做了会对别人产生什么影响，培养学生自主判断的能力，让学生逐渐成为有公德心的优秀人才。

在学生的职业道德教育中，应当明确学习就是学生最应该做的事情，学习是学生的本职任务。让学生热爱学习，帮助厌学的学生转变学习态度，让学生接受学习带来的好处，是身为教师应该做的。在中学阶段，学生的学习大都是来源于教师的监督，少年喜欢玩的天性导致他们很多都不会去主动学习，只有教师有效的监督才能让学生好好学习，所以教师应该思考自己的教学方法是否能被学生接受，只有学生能够接受这种教育方式，教学效果才能达成，学生也不会产生厌学的心理。

（五）培养学生自我教育能力

中学生思想品德的形成是通过教育和自我教育实现的。自我教育能力由自我评价、自我激励、自我调控等因素构成。培养自我教育能力，是引导中学生根据我国社会的道德要求。自觉地提高道德认识，进行行为训练的能力，也就是提高中学生自己教育自己的能力的重要要求。

第三节 中学德育工作原则

在实际开展中学德育工作时，教师需要始终明确德育工作的原则，规范且科学地开展德育，确保德育工作的有效性。

一、理论与实践相结合原则

传统中学德育教学中，教师有时单一地对学生进行理论知识灌输教学，学生容易对理论知识感到厌烦枯燥，理论知识也无法帮助学生成为日常生活行为的规章制度，学生的思想道德素养水平也得不到提升。教师应该将理论教育和实践教育进行转化与结合，理论知识是为了实践进行铺垫的，也是引导学生能够在实践中做得更好、行得更加正确。对此，教师在德育引导时，可以对学生进行理论教育后为学生创设相应的实践应用活动，让学生在实践中感受并理解理论知识，进而使学生的德育素养水平得以提高，学生在日常生活中的行为举止也能充分体现学生的高素养。

教师带领学生共同进行校园清扫活动，在实践活动中引导学生学习爱护环境、珍惜劳动成果的理论德育知识，这样学生能够站在多个角度思考问题，也会在日常生活中自觉保护校园环境，珍惜他人劳动成果。教师也可以带领学生到敬老院献爱心，让学生在实践中体会真实情感，使学生的德育思想水平得以提高，日常行为也会更加尊老爱幼。学生的德育思维和行为举止都能够充分体现学生的道德素养水平。

二、以人为本原则

人本视角即以人为本的教育思想，在育人活动中，要求教师按照学生的学习需求、成长需求开展学习活动，对学生的道德意识和学习素质进行同步干预。在人本视角下，教学不再是一个教师引导的过程，而是一个教师干预学生成长的过程。人本视角下的德育，将对学生的未来发展产生更为深远的影响，也能够进一步开发德育的育人价值。围绕"以人为本"的教育理念规划德育，将人本思想的价值融入中学德育当中，才能为德育工作开辟道路。

在中学德育和管理工作当中，坚持人本思想不动摇，尊重学生在德育当中的主体地位，可以让距离学生遥远的教育回归本真和学生的视野，成为学生的积极意愿，从而确保德育目标的实现。在德育管理当中应该始终以学生为中心，把人本观念和人文关怀贯穿全程，在此基础之上，要坚持因材施教与和而不同，认清并且尊重学生的个体差异，并把差异作为出发点确定德育管理的方针，在教、学、做合一当中，给学生提供一个全面综合发展的新空间。

（一）理论教育引入德育

要让学生在新时期接受德育，首先要考虑解决"什么是德育"的根本性问题，帮助学生整理德育的有关概念，使其对德育活动的目的、价值形成清楚的认识。人本理念下，中学德育要从学生的学习要求入手，尊重以人为本的教育理念，围绕学生的发展需求开展。在这一教学指导思想下，学生需要的才是落实德育的真正素材，重视学生的发展需求，才能让德育发挥出应有的作用。教师要在落实德育工作之前积极开展理论授课，围绕着以人为本的教育思想，引入德育素材，积极培养学生的道德观念。

在人本背景下落实中学德育工作，教师要在理论授课层面做好教学指导，对学生的道德观念进行纠正，促使学生形成正确的思想道德意识。在理论教学活动中，教师可借助理论课率先引入德育。在课程安排上，可在每个星期的周五设置一节"德育课"，与学生开展交流互动，向学生提出德育问题。教师通过改变主题的方式，引导学生表达观点，从而进行德育。

（二）文化素材升华德育

德育不是"空中花园"，在人本视角下，教师要考虑德育与文化素材之间的联系，借助文化素材来升华德育，为德育提供扎根的土壤。以往的德育活动中，教师依靠规则、要求来约束学生，不断向学生提出任务，"你要做什么""你不能做什么"。导致中学生的主观能动性丧失。以人为本的教育思想下，德育是一个能够对学生终身发展产生良性影响的过程。对于一些能够引发学生情感共鸣、促使学生形成情感意识的材料，要积极应用到德育当中。

以中国文化素材《三字经》为例，一些教师将《三字经》视为低龄儿童的教育启蒙读物，忽视了中学生的内在情感需求。对于中学生来说，其文化素养正在提升，文化学习能力、理解能力更加出色，行文工整的《三字经》，不仅能够满足学生的阅读需求，而且能够使其潜移默化地接受德育。在教学活动中，可结合《三字经》当中的不同板块落实德育工作，如"孝道"教育。在传输文化素材的同时，引导学生进行思考：自己的行为是否满足了"孝"的要求，算不算得上"孝"？而《三字经》当中的一些言语则使学生看到了新的德育要求：修身养性，自我约束。人本理念下，教师要做的是引导，而不是约束。在学生围绕着《三字经》接受德育的过程中，教师不应该尝试布置学习任务，而是鼓励学生主动思考，以《三字经》为参照物，修身自省。以人为本，重视学生的情感表现，这样的教学才是有意义的。

(三)实践活动践行德育

科学成熟的德育不能仅停留在理论教育层次,在人本背景下,学生看见了德育对自身发展所提出的硬性要求,在落实德育工作的过程中,要为学生提供践行德育、响应德育的机会。学生愿意回应德育工作的有关要求,对德育的特点形成了一个清楚的认识,这样的德育才是有意义的。在以人为本的教育指导思想下,教师要尝试在实践活动中穿插德育,或是借助专业的实践活动开展德育,或是在日常生活中引入德育,让德育在中学课堂中发光发热。

教师可从专业的德育活动和日常生活两个角度入手,为学生创造践行德育的机会。在专业德育环节,可以开展以爱国奉献、孝亲敬老为主题的德育活动,这一环节的教育指导工作中,教师带领学生前往敬老院、烈士陵园等场所开展德育工作,在帮助学生感悟孝亲敬老、尊重先烈的传统美德的同时,学习老人身上的勤恳精神,学习革命先烈的奉献精神,培养学生敬老、爱国的思想,为学生的未来成长提供思想上的支持,解决学生"成为一个什么样的人"的问题。

在日常生活中践行德育,则要强调德育活动的目的性:纠正学生的不良习惯,培养学生出色的品格与学习意识,让学生不断成长。这一环节中,教师从卫生清扫、纪律维护、日常学习表现等角度入手,对学生的行为开展德育。

(四)学生主动引入德育

中学生已经成为独立的个体,在中学德育工作中,能够以独立的意识、自由的思想参与到德育活动当中,甚至对教师所提出的德育问题与德育要求作出回应。在围绕人本思想落实德育的过程中,要积极开发学生的主观能动性:学生作为独立的个体,具备对德育活动作出回应的能力,作为学生的引路人,如果将全部的教学活动大包大揽,则学生很难回应德育工作的有关要求,后续德育活动的开展也必然会受到影响。

人本视角下,要为学生提供主动发挥、主动表达的机会,鼓励学生积极践行德育,对学生的德育意识、德育思维进行开发,提高学生的道德素养。教师可带领学生开展不同的主题活动,但不布置具体的任务,而是要求学生自由发挥。在"放养式"教学理念的支撑下,为学生提供践行德育的机会。

(五)因材施教实现德育

大多学校都是一个教师管理几十名学生,每个学生的情况不完全相同,所以在开展德育时,教师的任务会比较重,教师需要掌握每个人的情况,然后因材施教,解决每个学生在思想道德方面的问题，这样才能真正实现德育，做到以人为本。

在班级教学中，每个学生的性格都是不同的，当学生有进步时，学生容易出现骄傲的情绪；当学生退步时，很多学生不愿意直视自己的缺点，会将自己的缺点隐藏起来，学生的缺点得不到改正，慢慢地就会失去学习的兴趣。对于这种情况，教师就要做好德育，针对学生不同的情况一一解决。比如，教师可以先分析学生退步的原因，然后再与学生进行谈话，帮助学生分析自己的问题，引导学生解决问题，每个学生退步的原因也不完全相同，所以教师需要从多角度进行分析，这样才能真正帮助学生，实现德育，真正做到以人为本。

三、全员激励原则

教师首先要将德育面向全体同学，并且能够采用积极的管理手段，激励学生，使学生能够在一个乐观、健康的环境中学习和成长，进而充分发挥其智力、体力等优势，为个体目标以及班级总目标的实现提供保障。全员激励原则的核心有两个：一是"全员"，二是"激励"。这里的"全员"指的就是班级全体学生，不能放弃任何一名学生，教师在德育过程中要采用多元化的工作手段，尊重学生的个体差异性，善于发现每位学生的闪光点，肯定学生在学习以及班级活动中的价值，使学生能够因此获得自信、获得快乐，进而形成积极、乐观、健康的心理状态，这对于学生正确"三观"和良好心理素质的形成都具有非常积极的促进作用。这里的"激励"，就要求班主任要从正面评价学生，多肯定学生的能力和价值，避免学生产生负面、消极的心理状态和思想问题。德育工作激励方式有很多，如榜样示范法、情感陶冶法、实践锻炼法等等，借由多元化的激励手段，提升学生自信心、责任感，以此全面保障学生的健康成长。

四、自主参与原则

班级管理中如果只有班主任拥有积极性，那么是无法管理好班级的。学生是班级管理的对象，也是班级各项活动得以开展的主体，因此，强调纪律和秩序、民主与集中的统一，是素质教育背景下德育工作开展的关键，这也是自主参与原则的体现。自主参与原则要求班主任要以学生自愿为前提，鼓励和引导学生参与各项班级管理工作，让学生也能够参与到班级管理之中，成为班级管理者的一部分，从而强化学生的责任感与自信心。学生在班主任的鼓励、指导下，主动参与到班级各项管理工作中，在班级管理中获得成功的体验，感受班级的温暖，不但与班主任、与其他学生之间的距离拉近了，而且为良好班级环境以及和谐班级氛围的营造提供了支持。

五、因校制宜原则

中学德育工作少不了家庭、学校和社会这几个方面的联动与合作，其中，学校是德育管理主阵地，必须基于自身的办学方针与发展战略，巧妙设置带有本校特色的德育教学体系，把德育变成校园文化建设的一部分，并构建校本德育平台，保证德育工作的针对性与操作性。

六、重视反馈原则

为保证德育工作目标的达成，必须做好德育管理的评价反馈工作，形成一个完善的评价体系，只有这样才能够得到有效反馈信息，及时了解德育管理的成果和现状，并根据工作情况给出有针对性的处理方案。

七、联系生活原则

德育工作应该始终贴近学生的生活，激励学生从社会实践和日常生活当中获取多方面的资料，只有这样才能够把高不可攀的思想道德知识，内化成学生的日常行为规范，让每个学生都能学有所获，实现理论和实践的统一。

八、管教结合原则

管教结合原则充分体现了班级管理与德育的关系，要求班主任既能够达到管理、规范学生行为、思想的目的，又能够促进学生良好品德的形成以及正确"三观"的建立。为此，班主任要将班级教育工作与班级管理工作辩证统一起来，既要正面引导学生，耐心教育学生，又要严格按照规章制度规范和要求学生，规范其行为，严格执行教育管理。

九、开放性原则

德育课程的设置、教育模式、评价方式等充分体现出开放、多元的特点；向学生提供各种获取知识的渠道，重视学生的参与过程和体验；强调课内外、校内外结合，学科德育间互相融合，强调思想情感的融入和成果的积累。德育课程由

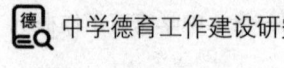

基础型课程（即国家基础课程）、拓展型课程（必修，即地方课程）、拓展型课程（选修，即校本课程）和系列活动组成。在学校发展过程中，重新构建三个层级的德育课程体系，确定国学类、实践类、艺术类、科技类、综合类的校本课程。重点突出课程的科学性、实践性、选择性和开放性，自下而上，全员参与，不断完善德育课程体系。实践中，遵循人的成长规律，以人为本，创新思想启迪人生，整合校内外教育资源；创设人文发展环境，使学校成为学生健康成长的乐园。

第二章　中学思想政治教育

思想政治教育是中学生进行德育的主阵地，所发挥出的优势与作用是毋庸置疑的。在思想政治课的教学中，教师要让德育始终贯穿在课堂上，向学生讲解相关的德育知识。另外，在思想政治课上开展德育时，教师可以考虑将学科知识与其他学科教学结合起来，将多个学科知识联系起来，以此来拓宽学生接受德育知识的范围，让德育工作更加全面。

本章主要论述中学思想政治教育，分别从思想政治教育理论分析、中学思想政治教育探究和中学思想政治教育路径三方面进行详细介绍。

第一节　思想政治教育理论分析

思想道德水平是新型人才的重要评判标准，学生德育水平的高低将直接影响学生未来的发展，而思想政治理论课作为思想道德建设工作的主渠道，对广大学生德育水平的提高起着尤为重要的作用，思想政治课堂的教学效果直接影响着人才培养的质量及水平。充分探索和运用思想政治课的德育内涵和育人功能，有利于提高新时代学生的思想道德水平，推动思想道德建设工作的创新发展。

一、思想政治教育相关解读

（一）思想政治教育概念

早期对于思想政治教育的概念，不同的专家学者有不同的论述，他们普遍认为这是一种教育实践活动和社会实践活动。思想政治教育受到社会经济发展、政治制度、文化的制约和影响，是一定的阶级、政党，用其思想、理论和观点培养和塑造思想道德素质的工程，这些思想教育、政治教育和道德教育是随着不同的社会时代及人类自身发展要求而不断地发展与进步，从而对人们的行动和社会行为有一定的指导作用。不同社会形成不同的思想道德素质要求，我们要提高人们认识世界和改造世界的能力，动员人们为了当前的目标和长远的发展规划而奋斗。

（二）思想政治教育的目标

第一，思想素质目标。要坚定贯彻马列主义、毛泽东思想、邓小平理论、"三个代表"重要思想、科学发展观、习近平新时代中国特色社会主义思想，明确辩证唯物主义的思想，树立正确的意识，在生活中不断锻炼自己尝试运用马克思主义的主要手段进行思考和判断；培养集体至上的意识，批判享乐主义和拜金主义，明确个人利益要奉献于国家利益的思想，对建设富强祖国充满信心和力量，为祖国燃烧才是青春正途。

第二，道德素质目标。以集体利益为最高荣誉，个人利益要服从于集体利益，坚信团队合作的重要性和必要性；吃苦耐劳、勤俭节约，在生活学习工作中做到艰苦朴素，享乐在后；遵守法律，热爱国家，懂礼貌，讲诚信，为人团结和睦；积极进取，思想要具有正能量，用乐观豁达的心态面对生活，对于事业和学习要充满干劲，秉持着严肃认真的态度，能听进各方的意见和建议，吸取批评中的精华，努力完善自己的道德修养。

第三，政治素质目标。对于我国的国史和国情要了然于胸，对于我国传统文化的优秀之处要加以发扬和继承，不忘初心，坚持共产党领导，继承先辈的革命斗争精神和传统，坚决维护祖国统一和团结，将祖国的利益和荣誉放在首位，具有献身祖国、报效人民的思想觉悟，坚定拥护党的领导和国家的政策方针，做忠诚的爱国主义者。

第四，法纪素质目标。要致力于弘扬民主法治的风气，自发学习我国宪法，能够做到正确行使公民权利，维护公民利益，履行公民义务。要从根本上培养学生的法律意识，教导学生做到自我约束、自我管理，能够运用法律武器作出正确的判断和决策。培养学生的勇气和承担挫折的能力，在内遵守校规校纪，在外遵守社会公德和法律法规，自觉主动帮助维护学校和社会的正常公共秩序，深刻领悟法治社会的建成需要每个人来努力，只有让法治变为信仰融入学生的思想道德教育中去，才能让思想转化为实际行动，让法纪素质教育贯穿始终。

第五，心理素质目标。心理素质是一个人心理过程和心理特征的体现，是衡量每个人在情感、意志、性格、行为等方面的综合标准体系。要培养学生形成坚强、自爱的性格，增强他们的抗打击和受压能力，使其具有比较好的自我调节能力，这将有利于学生未来的工作、事业、婚姻、家庭等，保证他们在遇到挫折时可以不丧失勇气和信心，不断努力去改善困境，拥有良好的心态，从而拥有良好的人生。

（三）思想政治教育的方法

首先，坚持正面引导。培养学生自我教育的良好习惯，学生需要有更多的自主意识，我们不能再用灌输的方式对待他们，更多的是让他们意识到思想政治教育对于世界观、人生观的重要性，让他们产生自主学习的意识，主动加入进来，带动身边的人共同学习。

其次，加强理想信念的教育。随着市场经济的发展，越来越多的学生不能把握正确的人生观、认识自我的价值。所以在教育方面应该更好地帮助学生树立正确的价值观，让学生能够更加认同自我、肯定自我价值，更好地创造出属于自己的价值。

再次，加强传统文化教育。一个国家的文化是这个国家的历史发展以及具体国情的体现，中华文明绵延数千年，必定有其独特和珍贵的价值体系，传统文化又是民族文化中最为特色的内核部分，具有最高的魅力和凝聚力，是我们中华民族最为宝贵的精神财富，是文明之根、文化之魂。拥有这样宝贵的精神文化资源，需要引导学生从中华传统文化中汲取精华，要让学生在了解中华文化的基础上实现更好的传承，滋养他们的心灵，使他们坚持善良的品质和信念，让他们的爱国主义热情和为国献身的动力不断高涨。对于传统文化的传承，我们保持批判继承、推陈出新的态度，使中华优秀传统文化呈现出新的生机、焕发新光芒。

最后，加强社会主义核心价值观教育。社会主义核心价值观是中国共产党人深度的智慧结晶，是社会主义价值体系的核心内容，不仅是社会价值基本理念的凝练，更是人们的行动指南。社会主义核心价值观教育要求学生学好知识，提高自身道德修养，树立正确三观，明辨是非，并在实践中提升自己。中学生必须从现在做起，严格要求自己，要真正理解并在生活中践行社会主义核心价值观，肩负起青年人的历史使命，不负青春年华，并在未来身体力行地投入到国家和社会建设中。

二、思想政治教育的理论借鉴

思想政治教育与个人的成长密切相关，个人健康成长成才离不开思想政治教育功能的发挥。思想政治教育实践活动的成效，与人的思想政治品德形成发展有关，与人的认知发展有关。柯尔伯格提出了著名的道德认知发展阶段论，道德认知发展阶段可分为"前习俗水平""习俗水平""后习俗水平"，每一个水平都包含两个阶段。而这种认知发展阶段特性在思想政治教育内容上则体现出一个由表及里、由浅入深、由具体到抽象、由感性到理性的循序渐进、相互联系的状态。人的思想政治品德形成发展特点，在中学具有鲜明的阶段性，其中感性因素和理性因素，在不同的阶段呈现出不同的特点和不同的要求。由此可见，中学思想政治教育要处理好感性经验和理性智慧两大因素。如何处理好这两大因素，可以借鉴行为经济学的相关理论。

在经济学领域，"理性人"或者"经济人"是具有内涵的专业词汇，不仅仅涉及经济学领域，也涉及其他领域，影响深远。后来，行为经济学把心理学引入经济学，对"理性人"相关理论产生了冲击，也开拓了研究的新领域和新视角，同时也取得了丰硕的成果。

行为经济学中卡尼曼等学者有两个理论：双系统思维模型和前景理论。卡尼曼等学者认为人的大脑存在两个系统，称为"系统1"和"系统2"。

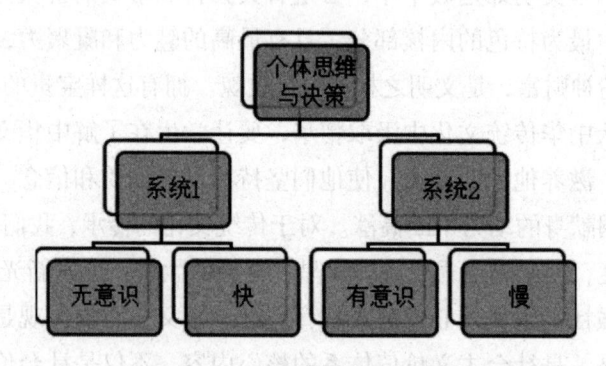

图 2-1-1　大脑存在的两个系统

如图 2-1-1 所示，"系统1"和"系统2"在个体思维决策中具有差异化。"系统1"可以凭借直觉，快速地作出决策。"系统1"中所蕴含的丰富多彩的生活经验进一步凝结成生活信念，成为个体认知结构的组成部分，成为个体做出选择和采取行动的内驱力。在个体思维与决策过程中，"系统1"把外界的各种刺激信息，包括即时的信息和过去相关信息等，针对所面对的问题进行直觉判断，进而做出决策。"系统1"的直觉性判断有正确的，也有错误的，从整体来讲，正确地居于常态，"系统1"的直觉性判断对"系统2"的判断也会产生一定的影响。"系统1"的直觉性判断之所以出现偏差，其中很重要的原因是固守"眼见为实"的原则，会因为个体的知识背景、经历、理论体验感差异等产生不同的结果，导致出现偏差。"系统2"相对于"系统1"来讲，作出的决策"慢"，但是由于"系统2"是有意识的，相对来讲是很少出现错误。也有学者把"系统1"和"系统2"概括为感性脑和理性脑。

卡尼曼和阿莫斯提出了前景理论。前景理论是行为经济学的著名理论，该理论从"确定性效应""反射效应""损失规避""小概率迷恋""参照依赖"研究个体选择特性。前景理论认为，基于不确定的条件下，人们的判断和决策具有非理性的特性。在行为经济学看来，理性人在作出行为选择中，基于促使和实现利益最大化，却在决策中会受到若干非理性因素的影响，非理性因素或者感性因素在其中扮演非常重要的作用。综上所述，注重"感性"引导与关照同"理性"环节的追踪与深化将是提高当前中学思想政治教育质量的思考着力点。

中学思想政治教育涉及主体、客体、环体和介体。这里主要集中分析主体。思想政治教育的主体，学术界有多种界定，有"单主体""双主体""多主体""主体间性"等各种观点，内涵丰富。中学思想政治教育开展离不开教育者和受教育者，集中体现到思想政治理论课教师和学生身上。

在中学思想政治教育具体实践过程中，要重视教学中的感性元素的应用实践，同时要通过一系列手段规避学生在思想政治教育接受时片面夸大非理性因素，忽视理性智慧。另一方面，也要充分促进推动学生的理性决策。中学思想政治教育建设，要根据人的思想政治品德形成和发展规律，中学生身心发展呈现不同的特点，不同阶段学生的感性元素和理性元素影响制约机制也有所不同。现有思想政治理论课最缺乏的就是鲜活性、针对性、可读性、实效性等思想政治教育信息的问题。

教师课堂教学应在感性基础上做理性升华。感性认识主要反映事物的表象，理性认识主要反映事物内在的本质联系和规律。个体在获取知识过程中，如果只注意感性学习而不注意理性学习，就会陷于眼光短浅，就事论事，此后遇事也只看表面。理性认识是比感性认识更进一步的认识。感性认识是初步的认识，只有感性认识没有理性认识，我们就难免为混乱矛盾的事物外表现象所迷，我们就难把握事物发展的基本状态。

三、思想政治教育对德育的影响

青年学生是建设社会主义事业的接班人。学校思想政治教育要坚持"立德树人"的教学理念，在德育教学工作当中，要贯穿思想政治教育工作。当前，互联网信息技术高度普及，自媒体、融媒体层出不穷，在大大方便人们生活的同时，一些不良思想也在网络上悄悄传递，在社会上生根发芽，如极端的利己思想、个人主义思想、功利主义思想等等。中学生的年龄尚小，很容易被网络上、社会上的不良思想影响，导致自身没有形成良好的道德品质，在行为规范方面容易犯错。对此，学校在思想政治视角下进行德育，加强对中学生的思想指导，能够培养其良好的人生观、价值观和世界观，使其能够准确地辨别是非，养成高尚的道德情操和健全的品德。在思想政治视角下进行德育工作，满足了当前社会对学校教育内涵式发展的具体要求，促进了学校在人才培养过程中，将指导性与价值性完美融合，突出学校教育的人文价值。

四、思想政治教育和德育的融合

（一）思想政治教育与德育融合的必要性

1. 实现理论知识和实践活动的融合

思想政治教育是一门理论性较强的学科，因此学生感觉较为枯燥，如果把思想政治教育与德育融合在一起就能够实现理论知识和实践活动的融合。这是因为德育具备一定的实践性，能够让学生在实际学习与生活中，更为全面掌握思想政治知识，化被动学习为主动参与，激发学生的学习积极性。同时，思想政治教育与德育的融合，中学生不仅能够收获理论知识，更重要的是可以得到心灵方面的愉悦、精神方面的满足、思想方面的洗礼，让思想政治知识更为多元化、趣味化，提高思想政治课程教育的针对性、思想性，实现理性与政治性的相互统一，满足中学生的个性化学习需求，让思想政治课程成为中学生内心热爱的课程。

2. 为中学生终身学习奠定基础

思想政治教育与德育的融合，能够为中学生终身学习奠定基础。终身学习属于一种学习能力，中学生只有具备良好的终身学习意识，才能更好地适应社会发展。未来工作中的内容和书本知识有着较大的区别，更加注重实践性。思想政治教育与德育的融合，能够引导中学生把学到的专业知识理论知识融入实践活动中去，学会和他人的沟通与交流，掌握更多先进的专业技术与理念。同时，思想政治教育属于德育、价值引领的核心阵地，对于促进中学生个性化、全面发展有着较大的意义，思想政治教育与德育的融合，能够展现出较强的引领效果，并且中学生在思想政治学习与德育实践中锻炼出来的学习毅力与学习品质，对于中学生来讲是终身受益的。

（二）思想政治教育与德育融合的目标

学校、教师需要明确思想政治教育与学生德育融合的目标，这样才能够让两者的融合教育活动更加有针对性、目的性，把教育方式与教育配套方法立足于中学生群体之中，结合中学生的实际思想状况以及学习现状，合理制定教育计划与教育方案，做到理论联系实际，真正展现出思想政治教育与学生德育的优势。学校、教师需要结合中学生行为特征、心理特征实现思想政治教育与德育的融合，选择一些新颖的思想政治教育、德育素材，激发中学生的好学心理与好胜心理。此外，中学生缺乏一定的社会阅历，自身的诱惑抵抗能力比较差，在思想政治教育与德育融合过程中，需要强化公德意识与法律观念教育，这样才能使学生更好融入社会与生活中，使其不仅成为一个优秀的专业技术人员，还能成为一个追求理想与人格全面的人。

第二节　中学思想政治教育探究

一、中学思想政治教育的可行性

从中学生心理特点来讲。就中学生而言，在经历了几年的小学学习生活和社会生活的影响之后，慢慢进入一个青春发育期的特征阶段，心理特征有一种非常快速的变化趋势呈现。因为他们的半幼稚、半成熟或者说半依赖性相互交叉展现，偶尔会伴随着一种冲动性或者逆反性的体现。如果家长不从他们这个视角去观察交流的话，他们往往会反抗叛逆心较强。尤其是如果批评较多，甚至说批评得没道理，他们将会波动幅度较大、突然爆发式的极不稳定情绪表现出来。而作为初中生的重要延续学段，高中生心理特点则开始进入青春期，尽管说高中生身高、体貌等外形特征和大脑以及神经系统等方面已经和成年人相近，但高中生会表现出逐渐走向成熟的特点，在此阶段，他们的世界观与人生观将初步形成，生理与心理方面均趋向成熟。他们的抽象感知和逻辑判断也得到进一步的发展。与此同时，高中生的情感更加丰富，并逐渐稳定，但情感会有两极性特征。高中生的自我意识逐渐成熟，并逐渐开始形成世界观与人生观。

二、中学思想政治教育中的德育功能

（一）德育功能的内容

德育功能的内容大致分为这几种：健全学校德育管理系统；明确责任并及时地将每位德育工作者的积极性调动出来；更新观念，将德育工作者的自身素质进行提升；要做好中学德育工作，必须提高学校干部和教师的素质；树立整体观念，加强综合研究，强调整体效益。德育管理是根据德育的目标、任务和学校教育教学以及管理的总体要求，对德育工作系统以及德育活动过程进行的规划、组织、指挥、监督与协调等活动。

（二）德育功能的具体表现

思想政治教育是考察学校是否实现思想道德培养目标的重要依据，也是中学生人生观、价值观、世界观正确与否的重要培养方式。中学思想政治教育独特的德育魅力和育人功能，能够给广大中学生的心灵埋下真善美的种子，引导他们提高思想觉悟，为新时代思想道德建设工作和创新发展提供坚实的保障。

第一，中学思想政治教育是学校坚定"四个自信"、增强"四个意识"的重要渠道，落实立德树人根本任务的重要方式，是解决好"培养什么样的人、怎样培养人、为谁培养人"这一根本问题的关键步骤。

第二，中学思想政治教育着眼于学生成长成才发展，善于将理论与学生的实际相结合，注重课堂教学的实效性，有正确的大局观。中学思想政治教育就是努力把学生培养成爱党爱国、遵纪守法，诚信友善、敬业爱岗，具有良好思想道德品质和文明行为习惯，具有社会责任感、创新精神和实践能力的人才的课程，勇于站在时代潮头，奋力为人才的道德素养建设输送力量。

第三，思想政治教育强烈的爱国主义情怀，潜移默化地在学生心灵深处扎根。在社会主义市场经济体制日趋完善的今天，综合国力逐步增强，人民的爱国意识也随之日益增强。中学生在接受了爱国主义情怀较为浓重的思想政治教育的熏陶和感染之后，自觉参加党团政治学习的愿望高涨，要求加入中国共产党的学生也越来越多，甚至把入党的机会当作至高无上的荣耀。

第四，思想政治教育的目标明确，思路清晰，是中学德育工作的主要抓手，德育工作者是学校教育改革创新的护航者。作为思想政治教育教师，应充分发挥党组织在中学德育工作的领导核心和政治核心作用，充分利用思想政治课教学这一关键环节；依托思想政治教育牢牢把握学校意识形态的领导权，实现基础知识和精神培养的高度融合；多在加强和改进德育工作的经验积累和规律总结上下功夫，多从德育工作薄弱点上着眼，找出困扰中学德育工作开展的深层次原因，进一步推动形成"三全育人"体系，让德育工作更好地服务于学校，服务于新时代的中学生，为学校教育改革创新保驾护航。

第五，思想政治教育能够切实加强中学生的心理健康教育，营造良好的学习氛围，培养中学生的创新精神。新时代下，学生面对纷繁芜杂的社会现实和千差万别的社会现象，不可避免地会在思想、道德、心理等方面产生困惑、存在问题，如政治思想的困惑、人际关系纠纷、心理冲突和障碍等。思想政治教育就是有这样一种育人功能的课程，除思想政治课教学内容之外，还涵盖有心理健康教育方面的教育因素和引导作用，能帮助中学生排除困惑、提高思想素养，使他们在面对人生挫折时，能够顺利排解难关，把握机遇。

（三）强化思想政治教学中德育功能

1. 思想政治教学的最高价值标准是立德树人

教育具备的神圣使命就是立德树人。"国无德不兴，人无德不立。"中学生在进行德育教学活动的时候要注重道德。"德"也就是人们常说的公民道德。很多的学生在对待公民道德规范这一方面呈现出知行分离状态，这种现象出现的原因就在于学生在德育这一方面知识停留在感性层面上，并没有将德育融入内化行动中，所以，这就表明了，学生需要政治课加强公民的道德教育。

学生要做到自觉地践行社会主义核心价值观，并与此同时对自身具备的公民道德的意识给予加强。比如说，在教学必修三思想政治书本《文化生活》的时候，教师可以对道德价值进行引领，利用这些内容来创设情境，让学生置身其中体验到社会主义荣辱观，对生活中出现的不文明行为加以抵制，将科学文化修养和思想道德修养进行加强。从这其中将静态知识升华到使命大担当和思想层面上，这样就可以实现求真立德和教书育人两方面的统一。

2. 思想政治教学的灵魂是善的教育

巴尔扎克说："教育是民族里最伟大的生活原则，是一切社会里把恶的数量减少，把善的数量增加的唯一手段。"这表明了引导学生向上至善的艺术就是教育呈现出的最美的姿态。比如，高中生在学习必修一《经济生活》的时候，教师要引导学生学会如何做一个有道德的经济人，这样的方式有助于培养学生的道德意识、诚信意识、竞争意识、法律意识。高中生在必修三《文化生活》学习中，教师要让学生接受中华文化的熏陶，从中将高尚的人文修养和道德情操培养出来。

在学习必修四《生活与哲学》的时候,教师要引导学生学习哲人的智慧、感悟理性精神。这样,在进行思想政治教育的时候才能将书本中的教学内容作为人发展的最高目的,渗透着育人、育心、育德的善的教育,善的教育成为思想政治教学的灵魂。

3. 创造和谐的德育环境

实现人的和谐发展就是德育的目的,为了发挥思想政治具有的德育功能,就需要对政治课的教学要求进行创新,对教育发展加以灵活地运用,通过运用这些学生喜闻乐见、生动活泼的方法进行教学活动,可以更好地将知识修养、情操、品质进行交融教学。但是想要真正实现这一点,还需要以课堂为出发点、创造一个宽松、宽容、温馨、和谐的德育环境做起。良好的德育课堂环境是不能缺少的,教师在针对"意识对人的生理活动具有调控作用"这一章开展教学活动的时候,可以运用情景教学的方式开展教学活动,并且在课堂上播放"9·3纪念抗战胜利暨世界反法西斯胜利70周年阅兵"的剪辑视频,通过音乐和宏伟的画面让学生将自己的视觉和听觉体验转化为感受,从中体会到抗日精神,将自己的情感认知加以强化。这样的方式不仅在潜移默化中将学生的民族意识和集体主义培养出来,同时,将学生的主体性调动出来。

良好的德育环境是建立在和雅健康、温馨优美、书香文化这样的校园环境前提下的,这样可以让学生和同学、校园、老师都和谐相处,同时,身心可以感受到愉悦和快乐。另外,教师在培养学生的德育的时候不可以对学生过分地责备,而是应该将批评责罚的武器放下,用微笑和宽容让学生折服,对心灵沟通方面加以重视,将德育具备的严肃性淡化,这样才能让德育之花处处盛开。

三、中学思想政治教育提升德育素养

核心素养对中学思想政治教学以及活动组织提出了明确的要求。道德与法治课的学习,不仅要引导学生形成强烈的道德与法治认同感,而且还需要带领他们在学习的过程中培养理性精神。不仅要通过法治知识的教育来提升法治意识,而且还强调学生积极参与社会生活落实公众参与。随着现代科技的不断发展,以及新一轮基础教育课程改革的落实,现代化的智慧阅读教学媒介已经广泛应用于道德与法治学科教学活动中。如何将智慧阅读和中学道德与法治课核心素养培育进行有机结合,有效渗透核心素养的内容是每一位道德与法治教师需要研究的重点内容。随着国家新课程教育标准的提出,中学生的德育已经变得越来越重要。在传统的德育教学中，理论化的知识讲授得过多，反而让学生忽视这门课程学习的重要性。为了培养身心健康发展的社会主义接班人，教师在设计一系列的教学活动的过程中都要以学生自我发展为主线，将教学内容结合起来，创设出一个良好的学习环境，促进中学生的成长。

中学道德与法治课是一门理论性和思想性相结合的现代学科。在这门学科教学的过程中，教师需要调动学生学习的积极性，充分发挥学生学习的主动性，引导他们在知识学习的过程中能够形成一定的思想认知。为了实现这一目标，作为一名道德与法治教师，可以运用现代化的智慧阅读教学平台来开展核心素养渗透活动。引导同学们在现代化的教育教学技术引领之下，开阔眼界增长知识体验，在丰富内容的感悟体验之下，更加积极主动地参与社会生活，践行中学道德与法治课核心素养的具体要求。在中学阶段的学习过程中，德育对中学生身心健康发展以及健全人格的形成都具有十分重要的意义。但是中学生身心各个系统的发育还不够成熟，认知水平也还处在边缘化阶段，德育的发展处在关键时期，因此，中学的德育教学活动要慎之又慎，以实现身心同步健康发展。而且，在实际的教学活动中，学生自我发展和学习的结合也要进行调整，在二者之间形成一个稳定的架构，开展具体的教学活动时要适时进行研究和调整，不断优化，让中学生正确认识自己现阶段的权利和义务。

创新德育教学观念。在中学阶段的教学活动中一直都在强调活动和学生自我发展相结合，这是一个核心点。但在具体的实施过程中，每个学校、每位教师的教学方法又会有所差别。所以每位教师都要不断学习，提高自身专业素质，让中学生在自我发展教学中自由、充分发展，有所收获。不仅要创新教学理念，教学手段也要不断更新，以符合中学生的发展特点。并且，中学生每一个阶段对于自身的认识都是不一样的，要在每一次的活动中带领中学生不断认识自己的身体，增强中学生的自我保护意识。

例如，以"学习伴成长"这课教学为例，这课的主要教学目标是：使学生能够体会到学习是苦中有乐，从而树立一个正确的学习观和终身学习的理念；使学生能认识到学习的要求，进一步明确学习的重要性；培养学生自主合作探究的学习能力，让学生能够正确看待学习中遇到的各种困难和问题。在本次课的教学中，因为中学阶段的学生认知发展的不同，学生在理解同一事物时会有所差别，教师必须要适当创新教学方法才能让学生更好地理解所学知识。

德育要因人而异。在以往的教学活动中，教师占据了主体地位，课程教学很大程度上束缚学生的思想，学生对于学习的感受也会变得枯燥无味。为了更好地体现新课改下的教学要求，必须要因人而异，适时进行引导，让学生在活动的过程中感受到愉快和自由，之后学生自身就能够进行探索和发现，实现德育文化知识的深入掌握。教师在课堂的教学活动中要充分考虑多方面的因素，不可千篇一律，每个学生的发展特点都是不同的，教师在设计教学活动时可以因人而异，分小组教学，促进学生发展。

例如，以"师生交往"这课教学为例，这课的主要教学目标是：学生能够尊重老师、热爱老师，学会主动关心老师和理解老师；学生能够明白教学相长的实际含义，明白师生之间需要彼此尊重；学生能够正确和老师交往，学会正确处理和老师交往中出现的分歧。中学生的德育知识都还处于刚刚萌芽的阶段，教师要在日常的活动中不断地进行讲解和引入，无法通过一次、两次的活动就能达到目的。中学生学习德育知识不仅能够对自己有一个更好的认识，在每一次的活动过程中也能够增进师生之间的了解，这样才能促进师生关系健康发展。

借助智慧阅读平台培养兴趣，积极开展思想政治课核心素养渗透。中学道德与法治课教学与学习活动，如果能够调动学生的兴趣，那么就可以增强他们学习的积极性和主动性，引导他们在开心快乐的学习体验中能够更加全面、有效地获得知识体验，能够更好地形成一定的理论素养。尤其是在对学生进行中学道德与法治课核心素养渗透培育的过程中，更需要结合学生的兴趣。

第三节 中学思想政治教育路径

思想政治教育有助于促进学生身心健康成长，帮助学生以积极向上的心态面对生活中的每一个难题，规划自己的成长目标，为社会价值做贡献，是一个学生得以接受教育最重要的意义。好的教育是要先教会学生如何成长为一个合格的人，这是思想政治教育持续的教学目标。

中学德育教学活动对于学生的自我发展是一个持之以恒、循序渐进的教学活动，每个阶段的学生学习德育知识的感受都会有所不同，但最终的目标都是一样的，为促进中学生道德意识和自我约束能力的发展，在教学方式的探索过程中要灵活多变，方便实施。

一、将道德素养培育作为出发点

随着时代的发展，中学生个人的道德素养和其终身发展之间的关系已经越来越紧密。无数事实证明，一个有丰盈道德风骨和人格魅力的人，更能在未来发展中实现个人理想与价值，进而走向成功。思想政治课教师要在平时的授课过程中，通过多种教学方式，秉承核心素养理念，增强责任感和使命感，积极关注每一位学生道德素养的涵养与发展。譬如，在教学"社会生活讲道德"时，教师可以在尊重他人、以礼待人、诚实守信方面，针对学生存在的一些问题，对学生加以德育引导。如果平时发现有些学生经常不交作业，然后用各种借口推脱、经常撒谎时，教师就可以开展诚信教育主题活动，让学生畅所欲言，讲述身边或自己的相关故事，说感想、谈感言、写感受，提升学生的自我认识，引导学生平时要诚实守信，以后到社会工作、为人处事也要诚实守信，让诚实守信成为学生的必备品格；再有，如发现有学生缺乏公德，经常不顾及他人感受，随地吐痰、乱扔垃圾，可在授课时让学生进行类似问题的一个小品表演，让其他同学谈感想，在纠正学生一些不良行为习惯的同时，教育学生做到心中有他人、关注环保，通过这些相关话题慢慢引导学生在社会上也要注意相关环保政策、世界的环境形势等，让学生理解国家相应的国情、政策。通过这种教育方式，让学生了解国家其他方面的相关国情和应对政策，触类旁通，提高学生对方针政策的认同。

二、充实思想政治课程教育内容

为了使思想政治教学更具时代特征，更加贴近学生的生活，思想政治教师要与时俱进，不断丰富和充实思想政治教育内容。随着现代信息技术的发展，思想政治教师要积极利用网络教学资源，应用多媒体技术充实思想政治课程教学资源，优化教学方式，帮助学生更好地理解和掌握思想政治知识。例如，教师针对"理想信念"相关内容进行授课时，可以在课堂上利用多媒体设备，为学生选择播放《感动中国》中的人物事迹，并讲述"感动中国人物"中坚定理想信念、克服千难万阻的人生经历，使学生通过他们的经历清晰感知理想信念的内涵，感知理想信念对于一个人的成长究竟有什么样的意义，进而深刻理解理想信念在人生中的助推作用。这样，学生在今后的学习与生活中就会以他们为榜样，树立正确的理想信念，增强向人生目标努力迈进的信心和力量。随之，在接下来的"在实践中化理想为现实"教学讲解中，教师可以利用案例分析的方法，收集一些与理想转化为现实有关的新闻案例，让学生在课堂上对该案例进行分析和探讨，从而丰富教学内容，增强学生的学习体验，让学生更真切地理解教学内容，使学生的思想观念得到升华，并形成正确的世界观、人生观和价值观。

三、丰富思想政治教学方法

（一）案例教学

思想政治课程教学离不开时事政治和社会生活，所以教师在教学中要重视对时事政治和社会生活案例的应用。在规划和设计思想政治教学活动的过程中，教师需要紧密联系时事政治信息，关注社会中的热点资讯，抓住学生感兴趣的关键点，并合理地渗透生活化元素，以引发学生的关注和求知欲。中学生在思想意识方面正逐步趋于成熟，思维方式较为灵活，喜欢新鲜事物，好奇心和求知欲较强，乐于思考，比较关注时事政治信息。在思想政治教学中，教师要利用中学生的这些特点，将与思想政治知识有关的案例引入课堂，组织学生进行思考和讨论。例如，针对"爱祖国的灿烂文化"这部分内容开展教学时，教师可以将"《经典咏流传》《中国诗词大会》《国家宝藏》《典籍里的中国》等一批以传统文化为核心内容的综艺节目，很受社会和公众欢迎"这一事例作为案例，并提出问题：你认为这些节目受到公众欢迎的缘由是什么？你对我国的传统文化有多少了解？让学生共同分析、讨论。这样的案例导入，可以加深学生对传统文化的理解和认知，让学生更加热爱祖国的灿烂文化，增强学生的民族意识，培养学生的民族自豪感。

（二）小组合作学习

在思想政治学习中，小组合作学习模式是一种非常有效的学习手段，可以促进学生的思考，引发学生的思维碰撞，让学生形成优势互补，提高学习效率和加强学习效果。各小组不仅可以在组内进行合作学习，各组之间还可以开展汇报交流或辩论的方式进行学习。无论是在汇报交流过程中，还是在辩论过程中，教师都应当对学生进行积极引导，使其勇于表达自己对知识的理解和看法，充分激发学生的学习积极性，活跃课堂氛围，进而发散学生的思维，提高学生的语言表达能力等。在学习过程中，教师要重点关注学生的学习状态和课堂参与状态，并把握好学生的讨论方向，给予积极的引导，保证所有小组成员都能积极参与到学习过程中。

（三）生活化教学

思想政治知识和现实生活之间有着紧密的联系，但是由于以往传统教学模式存在漏洞，导致学生对政治知识的理解不够深入，甚至使其思想发展也受到了一定的影响。对此，在新教材下，老师要充分挖掘课本中的生活化内容，或者引导学生从生活的角度去思考、理解相关的知识点，从而激发学生的生活化学习观念，提高学生生活认知能力。

比如，在教学"伟大的改革开放"这一课时，老师可以通过小组合作教学的方式渗透生活化内容。首先，老师将学生按照"组内异质，组间同质"的理念分成人数均等的几个小组，并为学生说明小组学习需要注意的事项以及需要遵守的规则，确保小组合作学习能够顺利进行；然后，老师为学生讲解本节课的大致内容，例如改革开放的历史背景、改革开放的指导思想等等，让学生对改革开放形成大致的理解；最后，老师提出和学习内容相关的问题，引导学生进行积极的讨论，让学生通过合作、交流自主挖掘本节课的重点知识。问题举例：（1）在现实生活中，哪些方面可以体现出改革开放的积极作用？（2）改革开放对我国哪些方面形成了积极的影响？此外，在学生讨论、交流的过程中，老师要在班内随机转动，避免学生讨论和学习不相干的内容，并及时解决学生之间存在争执的部分，从而有效提高学生的合作学习效率，进一步提高整体教学质量。

（四）实践教学

有的中学生很少能够参与社会实践，长期发展下去可能会导致对自我价值的认知越来越不足，对社会实践的误解也愈来愈深。随着社会生活的复杂化，学生性格的问题可能会制约着学生健康性格的养成，有的学生越来越没有社会责任心。所以，教师要在中学阶段发挥思想政治教育的力量引领学生走向健康人格发展，就需要提高学生对社会实践重要性的认识，从而引导学生积极参与公共生活。实际上就是利用把思想政治教育的建议组织起来，适当拓展学生健康人格发展的能力，为学生的健康及个人社会工作的有意义发展提供了机遇，从而使学生可以真切地感受到社会生活的意义，从而更好地培育学生社会实践中的责任心。

思想政治教师不仅要重视理论知识教学，还需要积极开展实践教学，让学生在社会实践中进行思想政治知识的学习，将所学思想政治理论知识与生活实际结合起来。为此，教师在讲解完教材上的思想政治理论知识后，可以组织学生走出校园、走向社会、了解社会现实生活与思想政治理论知识之间的关联性，使课堂上抽象的理论知识能够以直观、形象的形态映入学生头脑。例如，教师在课堂上讲解完"以爱国主义为核心的民族精神"这部分内容时，可以组织学生去当地的烈士陵园和革命纪念馆等地进行瞻仰，并为学生讲解烈士的英雄事迹，以感染学生，使其沉浸于思想政治教育情境之中，充分了解和感受革命先辈勇于拼搏、不怕牺牲、保家卫国的革命精神，了解以爱国主义为核心的民族精神，进而厚植家国情怀，增强爱国情感，坚定理想信念。

（五）怀疑与反思法

英国著名作家大卫·欧文提出由于怀疑和反思的推进，怀疑已经并不是意味着全面的否定，而是代表着严格的思维方式，意味着思维思路的创新。在中学思想政治课堂中使用这种方法，能够有效提高课堂质量，让课堂氛围更加轻松。这就需要老师主动鼓励学生提出质疑，并积极参与到交流与解答的过程中。所以，在思想政治课程中教师需要以"疑"为基本点设置教学环节。具体如下：

第一，质疑。老师需要根据学生的学习能力、人际关系等进行分组，通过小组的方式展开学习，老师在讲课之前可以让学生先看5分钟的课本内容并提出自己的疑问，让学生带着自己的疑惑听课，能够很好地引起学生的兴趣，让学生的注意力集中。老师需要根据教材内容，梳理主要知识，建立完整的知识体系，让学生之间的个性差异以及主体地位充分发挥出来。老师需要鼓励学生提出问题，让学生不要盲目跟从他人的思路，要学会动脑思考，通过自己的思考来提出疑问，并敢于质疑。

第二，释疑。因为学生在自己学习的过程中会发现诸多问题，这个时候就需要学生和学生、学生和老师之间进行交流，解答疑惑，这一环节也是课堂中的重要一步。在这一环节中老师需要将重点问题以及难点问题通过多媒体的方式向学生展示出来，让学生能够更直观地理解问题，通过对知识点的梳理以及重难点的讲解，就可以完美地解答学生所提出的问题，在无形之中将重点问题和难点问题进行突破。这一环节中的主体为老师，老师需要充分发挥主导作用，避免学生漫无目的地学习。通过适当的引导，能够逐渐锻炼学生的思维能力，促进学生自主学习。

第三，生疑。学习知识是为了在生活中使用知识，所以在这一环节中需要给学生布置习题，让学生通过习题来加深记忆、巩固知识，在做题的过程中学生会再次有新的问题和疑问，这时候就需要为学生留出足够的思考时间。

通过以上三个步骤，可以让教学环节更加简化，并且增强了师生之间的交流和互动，进而提高课堂质量。在新教材的背景下，作为一名老师，"学习"没有终点，老师需要根据时代的发展与科技的进步，不断扩充教学方法，为学生带来更轻松的课堂。对于学生来说好奇心是学习的动力之一，而学生的疑问能够引起自己的好奇心，进而提高课堂效率。

四、挖掘教材中存在的德育点

德育作为思想政治课程中的重要组成部分，经常出现在思想政治教材中，教师只有善于发现教材中存在的德育点，并将其不断放大给学生，才能在教学过程将德育渗透到学生的思想中。教师应对思想政治教材进行深入剖析，将教学素材与实际问题结合，充分把握将德育渗透入教材的时机，对教学程序进行规划。随后在备课内容中加入学生生活中的实际案例，制造活跃的课堂氛围，丰富教学手段，可以借助多媒体来将"德育案例"播放给学生，促使德育得到有效教学成果。例如，教师可通过给学生讲解影响消费的因素、消费类型，播放多媒体视频，结合当代青年的消费心理以及行为，将攀比心理与求异心理进行分析，告知学生过度地攀比与求异是一种不健康的思想。同时，将中华传统美德"勤俭节约，艰苦奋斗"的思想观念向学生渗透，传达保护环境，绿色消费的理念。教师通过结合将教学内容与社会消费现象相结合，使德育在思想政治课程中得到体现。

五、加强对中学生的思想指导

（1）夯实思想政治课基础知识

要在思想政治教育视域下开展高效的德育教学工作，就必须要在思想政治课的教学过程中渗透德育教学思想，在夯实中学生思想政治基础的理论知识的同时，强化其对于德育知识的掌握与理解。在课堂教学过程中，思想政治教师要切实结合同学们的生活经历、社会案例等内容，革新传统单一、枯燥的教学模式，在师生互动、同学互动的方式下，活跃课堂教学氛围，调动同学们的学习积极性。思想政治教师的思想政治课程教学内容不能脱离实际，最好要贴近中学生的生活内容，通过举例的形式在思想政治教学过程中渗透德育思想，提高同学们的思想高度。通过启发教学、实践教学、互动教学等方式，提高课堂教学的质量与水平，在提高思想政治教育效率的同时，推动学校德育教学的良好发展。

（2）拓展思想指导工作的手段

学校要深入落实对中学生的思想指导，要通过军训、班会、报告会等方式，为中学生树立自立自强、积极进取、有责任心、不屈不挠的奋斗精神，将德育贯穿于教学、生活当中，培养其良好的感恩意识。首先，学校可通过军训等军事技能训练让同学们体会到军人的艰辛，认识到国家社会的和平是来之不易的，促进学生形成良好的爱国情怀，并树立正确的价值观和人生观。其次，以班会、报告会等形式，让班主任、学生代表等进行发言，让同学们深刻领会习近平总书记讲话的具体内容，培养中学生良好的荣辱价值观，提高其抗压能力，培养其积极进取的良好精神。最后，学校要顺应时代的发展趋势，健全网络教育通道，建设校内公众号、校园官方抖音号等等，将学校内"学生年度人物""道德任务评选"等活动及时公布到网络平台上，营造出良好的德育舆论。

六、进行恰当的挫折教育

思想政治教育虽涉及思想、政治、职业道德，但教学过程本身也具有需要提升的空间。中学思想政治教育一直以来被称为科学教育，它具有自身的理论体系和学习目标，不过，在实际的教学过程中，中学思想政治教学内容还需要加强探究，有的教师执行起来也不够规范。这就是说，思想政治教学应加强学生人格发展的内容教学，有的教师仅仅注重智力教育，却忽略了学生人格的发展。人格发展实际上是一个包罗万象的范畴，内涵很宽泛，目标也非常清楚，即培养人才的全面发展能力。在这个阶段，一些中学老师过于注重学生的学习成绩并以此为基础进行入学选择，在一定程度上忽略了学生人格的健康发展。这主要是因为思想政治教育工作者对学生性格养成的过程理解得很深，但部分人并未意识到性格养成的重要性。中学生十几岁时，很易出现情感问题，又由于部分中学没有做好对学生的人格健康教育，使得学生不能很好地管理自身的情感，甚至更严重的情绪，从而产生了很大的负面影响。

随着改革开放的推进，社会资源越来越多。于是，现代物质生活的优越，再加上父母的放纵，导致了一些中学生的承受力下降。美国儿童心理健康专家认为，童年快乐的孩子，未来应更加关注幸福未来的问题。因此，教师需要高度重视对学生的挫折教育，以提高学生对挫折的心理承受能力。作为政治老师，需要有效利用课程，让学生清楚事情不可能一帆风顺，失败是不可避免的，但我们必须勇敢地面对失败，积极应对每一个挑战。比如在"事物的发展是进步与发展的统一"这门课中，教师要自觉地收集一些成功的、积极的例子。在这种情况下，用真实的人物告诉学生"不见风雨，怎能见彩虹"。中学阶段是学生健康成长的重要时期，要想有效地培养学生健康的人格，就需要结合中学生的成长特点和发展规律，制定符合学生身心健康发展需要的心理健康教育和教案。在此基础上，拥有合适的心理健康师资和科学的心理咨询设施，为心理健康的优化和发展创造良好的条件。在思想政治教育中，教师要着眼于提高心理健康教育，应通过一些心理测验，为学生提供相关知识，帮助他们逐步提高心理能力和情绪适应能力。这样，中学思想政治教师将心理健康教育和思想政治教学完美地融合到一起，利用思想政治教育的作用保证学生的心理健康，使学生养成更好的学习态度，培养健康人格。

七、注重心理健康教育

人格教育离不开心理、情感、道德、人际关系等，而中学生在这个阶段的主要生活场所是在学校，学生们的心理波动有时会特别地剧烈，这又是中学思想政治教学的难题。因为实践是检验真理的唯一标准，而理论知识的储存又需要通过实际的检查，才能进一步界定。中学对思想政治教育的知识内涵十分充实，教学方法也相当多样，教育相关的实践活动也十分多样化。不过，也存在着部分教师专业知识的欠缺，使得学生在思想政治教学实际进行过程中的精神人格发展得不完善。如果在思想政治教育教学过程中，不重视学生精神人格的建立，教育实施力量不足，就有可能导致学生的心理发育不良。心理健康教育对学生的人格塑造非常重要，也是帮助高中生培养健康人格的关键。

学校作为中学阶段教育的主要场所，需要制订出与学生心理健康发展相符合的健康教学计划。在此基础上，还应配备高素质的心理健康师资和咨询设施。总之，心理健康与学生的全面发展密不可分，应该更加重视。教师需要在课堂上进行足够的心理健康教育。教师要自觉地在学生中传播心理知识，在潜移默化中塑造学生们健康的人格，培养学生们情绪控制能力。同时，教师还可以利用同学聚会对学生进行心理健康教育，合理地利用时间，为学生播放一些有意义的心理视频或做一些心理练习，让学生在课后积极讨论和交流信息。在此基础上，学校应开设专业的心理辅导课，对学生们进行专业的心理健康教育，学生们在进行心理知识学习的同时，还能获得快乐，逐步培养良好的技能和精神状态。在课堂中，教师应赋予学生想象、主动说话、表达思想和情感体验的能力，使学生能够充分利用它们来增加学生的信心。

八、提高教师政治意识

教师们不仅需要承担授课的教学任务，还需要承担"立德树人"的重任。学校应该培养及选拔出一批优秀的骨干教师队伍，通晓天文地理、古今中外、前沿科学技术、经历丰富的师资力量来支撑思想政治的高水平教学。在这一过程中，教师自己的思想政治意识要先合格达标，才能够在教学的过程中以"立德树人"的标准去启发学生、感染学生。因此，应从以下几个方面来提高教师的思想政治意识：

第一，思想政治课教师要坚定信念、坚持马克思主义信仰。学校在引进思想政治课教师的时候，要严把聘用标准、保证教师具有较高的政治意识。在思想政治课教师培训过程中，要引导教师树立终身学习的观念，继续加强对马克思主义经典著作的学习和实践，进而增强思想政治课教师的政治信仰。

第二，其他课程教师要充分展现"育人职责"、全面挖掘"育人资源"。这就要求教师要时刻清楚思想政治课程的教学目的，要加强自我管理约束工作，以身作则为学生们树立起一个好榜样，坚定自己的立场，尽可能将人文素养和人文关怀融入课堂教学的各个环节中去，以此来帮助学生们树立高尚的道德标准和社会责任感。

第三，所有教师要时刻关注国内外热点事件，了解社会上出现的大事小情，善于发现，善于总结，勇于创新，敢于承担。要积极主动学习党史、党章，使自己的思想、思维能够与时俱进，同时能紧跟党的发展脚步，确保教师的思想与党的思想相统一。

九、提升教师教学素养

教师的教学素养主要可以表现在两个方面：一方面是看教师是否有做到认真充分备课，另一方面是看教师是否可以将最新的德育理念、正确的思想政治意识引入到课堂教学中去。课程教师只有具备了较高的教学素养才能够游刃有余地进行思想政治教育。因此，应从以下几个方面来加强教师教学素养。

第一，各科教师要养成学习探索的职业习惯。这就要求教师在平时的生活和工作中，多关注思想政治教育的最新研究成果，以及相对先进的方法论，在上课的过程中，积极地将最新成果和方法论践行到自己的课堂中去。

第二，各科教师要处理好课堂"学理性"与"政治性"的关系。这就要求教师在上完课程之后，要做到积极总结思想政治教育的教学效果，及时评价哲学社会科学意识形态在思想政治教育过程中可以发挥的效果。并及时地撰写论文，将思想政治教育的实践成果转化成理论成果，与同行们展开及时沟通和探讨，使教师能够坚定地"守住一道渠"，在与"主渠道"同向而行的同时，展示出育人职责；各科教师要积极参与培训和听课活动。这就要求教师要定时、定量地参与学校所组织的培训教育活动，并与其他教师展开实践研究方案，彼此深入到课堂中去进行听课，以后要及时撰写听课感受，并与其他教师进行评论探讨，以此完善教师们思想政治教育的教学过程，提高思想政治教育的教学能力。

第三，教师要善于整合资源。教师要善于利用各类资源以及平台进行教学素材的整合，能主动发挥创造性去钻研各类学科当中共有的特点和独有的优势，进而深层次剖析并挖掘思想政治元素。高校教师要充分发挥各科优势与联动性，积极向思想政治教育靠拢，使得各科与思想政治理论课能够互相促进，互相提高。

第四，要充分展示出各学科老师的特长从而提高教师的内在影响力。自觉保持"立德树人"的积极性，不过分依赖专家对于课程的研究，主动培养自己的育人能力。同时，学校也应该积极响应国家号召，加大力度去宣传并鼓励教师队伍去发现、发掘自身内在影响力。通过多种渠道，多种方式去激励教师，尤其是年轻教师，潜力学者能够自发地加入思想政治育人建设队伍中来，共同为思想政治育人体系的构建贡献自己的力量；

第五，教师要加强对教学内容的质量把关。在不断地挖掘各类课程中的思想政治元素的同时，要做好环节的把关，质量的把关，内容的把关。可以根据具体情况临时成立遴选小组，对现有课程以及已开发出的思想政治元素进行整理和筛选，并进行最合理、最科学的搭配。组织教师集体备课，研究讨论"课程思想政治"计划，在具体确定的思想政治育人教学计划中，设计好教学内容、组织好课后辅导、探索思想政治教育内容、交流教学经验。提升对课程的把握，从而提高课程的质量。

十、改进教学评价手段

思想政治课程教学强调学生在学习中的主体地位，强调学生的主动学习意识，强调学生的课堂参与度。由此可见，要想提高思想政治教学效果，并为下一阶段教学提供依据，教师就要重视教学评价，尤其要重视对学生思想政治学习过程、学习态度的评价。以往，思想政治教师只是通过传统的成绩考核方式来评价学生的学习效果。这样的评价方式会导致学生只关心自己最终的考试分数，而不关注自己是否精准掌握了思想政治课程内容，是否提高了自身的思想道德水平和思想政治素养，仅仅依靠死记硬背的方式获取较高的分数。这样的学习评价对学生来说是不科学、不合理、不全面的，无法真实反映学生的学习效果。因此，教师要积极优化改进传统评价方式，将单一的成绩考核转变为兼具过程性考核、多元化主体考核的考核方式。例如，针对学生对思想政治课程理论知识掌握情况进行评价时，教师可以应用分数测评的方法进行考核。针对学生在思想政治课程学习过程中的态度进行评价时，可以让学生之间进行互评。针对学生的实践教学效果进行评价时，可以邀请社区人员等第三方进行评价。评价方式的变革，可以促使学生在学习过程中将关注重点放在端正学习态度、加强对知识的理解吸收、提升自身思想道德水平和思想政治素养等方面。这种转变，既能提升思想政治教学效果，又能彰显思想政治课程的价值，并实现以学生为本，真正促进学生的成长与全面发展，实现"立德树人"目标。

第三章 中学德育建设分析

中学是学生成长的关键时期，直接影响学生的价值观和世界观。在中学教学中开展德育，不仅能帮助学生提升综合素养还有助于学生养成良好的学习生活习惯，为日后升学、工作奠定坚实的基础。德育与一般性教学存在极大的差距，其中的关键之处在于德育并非一般性知识型教学，而是需要通过必要的手段对学生的心理、思想、意识及行为进行有效的干预与引导。本章主要论述中学德育建设分析，内容包括中学德育基本内容、中学德育课程建设、中学德育活动实践和德育评价转向与实施。

第一节 中学德育基本内容

党的十九大以来，中共中央、国务院印发的多个重要文件，对新时代的学生德育提出新的要求。从办学者角度看，在新时代中国教育改革战略设计的指导下，对学校来说，其任务就是要"健全立德树人系统化落实机制"，实现培养"接班人"这一目标。具体到学生德育，其核心就在于确立以培育社会主义核心价值观为指向，包括理想信念、民族精神、时代精神、品格教育以及先进文化教育等为目标的大中小一体化学生德育体系，就在于建立德育理论和实践体验相结合、学科德育和思想政治德育相结合、线上德育和线下德育相结合、学校德育和社会德育相结合，环环相扣、层层深入的学生德育途径和方法体系。

一、爱国主义教育

爱国主义是千百年来巩固起来的对自己祖国的一种最深厚的感情。爱国主义有极大的凝聚力和向心力，是国家、民族不可缺少的精神力量的源泉之一。爱国主义情操是人们人生观、世界观、道德和政治思想的重要组成部分，是青少年一代高尚思想品德形成的基石。任何时候，都必须进行爱国主义教育。爱国主义教育是我国中学德育的基本内容。

中学爱国主义教育的内容主要有以下几方面：

第一，帮助中学生从小培养热爱祖国的深厚情感。

第二，帮助中学生了解民族和国家两者的内涵以及民族与国家之间的相互依存关系，逐步树立民族意识、国家意识。教育中学生在热爱本民族的基础上，正确地理解国家的利益，帮助中学生逐步树立尊重、友爱与合作精神。

第三，帮助中学生了解我国各民族和社会发展现状，引导中学生自觉地将自己乃至本民族的利益同国家利益结合起来，帮助中学生逐步树立为国家强盛而努力奋斗的精神。

二、理想教育

理想是个体对未来美好生活的向往和追求，是人们奋进的动力，也是个体形成人生观、世界观的起点。理想孕育于儿童时期，萌芽于少年期，形成于青年期。对中学生进行理想教育，这是社会主义事业对培养接班人的要求，理想教育是德育中的重要内容。

中学理想教育的内容主要有以下几方面：

第一，帮助学生理解理想对于人生发展的重要意义，理想是多层次多方面的结构系统，教育者应理解、尊重并正确对待中学生的理想。要因势利导帮助学生分清什么是崇高的、革命的理想，什么是低级的、庸俗的、渺小的个人打算。帮助学生根据个人实际情况确定具体的、现实的奋斗目标。

第二，引导学生树立远大理想。根据学生年龄特点，逐步引导学生不断完善自己的理想，引导学生把个人的理想与国家民族的利益相结合，逐步树立为国家、民族利益而奋斗的远大理想。

第三，引导学生将对理想的追求落实到个人当前的学习活动中。理想教育不是口号，应该和社会生活、学生的实践活动联系起来，落在近处、落在实处。教师要使学生明白，实现理想要经过一番艰苦努力，不是只想不做就能达到的。学生当前最主要的任务是努力学习。只有好好学习，才能一步步去实现自己的理想。

三、集体主义教育

集体主义是社会主义成员之间以及个人和集体、个人与国家关系的基本特征。集体主义的基本内容是从国家、社会和广大人民群众的根本利益出发，坚持集体利益高于个人利益，自觉地为社会、集体尽义务；把个人利益融合于社会整体利益之中，在保证集体利益的前提下，求得集体和个人利益的共同实现和发展；当个人利益与集体利益发生矛盾时，个人利益必须服从集体利益。集体主义教育是社会主义道德教育的最重要的内容之一。

中学集体主义教育的内容主要有以下几方面：

第一，培养学生集体主义思想，增强集体观念。教育学生认识集体，明确自己是集体的一员，学会在集体中生活，积极参加集体活动，培养集体意识，为集体做一些力所能及的事，懂得集体力量大，个人的进步离不开集体的帮助等。使学生认识到班集体的荣誉和每一个成员息息相关，逐步培养学生对集体的责任感、荣誉感和义务感。

第二，用集体主义精神来调节自己的言行。教育学生要遵守纪律，服从集体的决议，以集体利益为重，个人服从集体，小集体服从大集体，培养学生互助友爱精神，共同进步，不妒忌、不自私，要让学生感受到集体的力量、大家庭的温暖，养成集体生活和集体主义的思想感情。尤其我国现在的小学生多数是独生子女，要克服以自我为中心的思想，对他们进行集体主义教育显得尤为重要。

第三，正确处理个人利益和集体利益的关系。初步了解个人在集体中的地位和作用，正确认识个人与他人、个人与集体间的关系，培养尊重他人与服从集体的意识。一切从集体利益出发，自觉维护集体利益，克服利己主义思想。

四、劳动教育

劳动是人类赖以生存和服务社会的基本活动，劳动是一切社会财富的源泉。劳动教育既是社会发展的需要，也是个体身心发展的需要。劳动对人的发展起着重要的促进作用。在自我服务性的劳动中，中学生的动作技能得到发展，意志品质得到锻炼，并增强了体质。集体性的公益劳动还能促使学生形成愉快合作、团结友爱、吃苦耐劳的好作风。欧文说过："完善的新人应该是在劳动之中和为了劳动而培养起来的"。劳动教育是中学德育的一项重要内容。独生子女占大多数的当代中学生，出现了不少娇男娇女，他们轻视劳动，不珍惜劳动成果，缺乏吃苦耐劳的精神。因此，增强青少年一代吃苦耐劳、艰苦奋斗、自强自立的精神已成为当务之急。

中学劳动教育的内容主要有以下几个方面：

第一，教育学生树立正确的劳动观念。要教育学生懂得在社会主义国家，劳动是每个公民应尽的责任，"劳动创造世界""劳动创造财富""劳动崇高、劳动伟大""劳动光荣，懒惰可耻"等道理，尊重各行各业的脑力劳动和体力劳动者。要让学生认识到劳动是光荣的，也是艰苦的，培养学生热爱劳动。

第二，帮助学生养成热爱劳动的习惯。引导学生参加力所能及的自我服务劳动、家务劳动、公益劳动和简单的生产劳动，掌握一些简单的劳动技能，养成劳动习惯。劳动习惯的养成不是一朝一夕之功，教育者要耐心地指导，经常性地、持之以恒地让学生参加一些简单的劳动。

第三，教育学生珍惜劳动成果。对社会共同劳动成果的珍惜和爱护，是每个公民应该承担的社会责任和义务，它既显示出个人的道德修养水平，也是整个社会文明水平的重要标志。教育学生懂得生活中的一切用品都是劳动成果，都来之不易。要珍惜日常生活用品和学习用品，不损坏，不浪费，爱护公物，勤俭节约。珍惜劳动成果是一种美德，是尊重劳动人民的表现。

五、人道主义与社会公德教育

社会公德是人们在长期的社会交往和共同生活中根据共同的社会生活需要而逐步形成的，每个社会成员都必须遵守的最简单、最基本、最起码的行为准则。它是人类共有的基本美德，对维护社会公共生活和调整人们的关系具有重要作用。社会公德的主要内容有：文明礼貌，助人为乐，爱护公物，保护环境，遵纪守法。

人道主义是一种重要的社会公德，它主张尊重人、信赖人，提倡人与人之间的友爱、平等与互助，重视人的价值和地位，强调发扬人性。在社会主义社会，只有建立和发展了人与人之间的平等、团结、友爱、互助的新型关系，人道主义才能得到真正发扬。现阶段，学校对学生人道主义和基本公德教育有所忽视，导致了青少年的基本道德素养的下降，不文明和冷漠的行为增多，因此加强人道主义和社会公德教育显得尤为迫切。

中学人道主义与社会公德教育的内容主要有以下几个方面：

第一，教育学生发扬社会主义人道主义精神，尊重人、关心人。在社会生活中，人们只有相互尊重、关心和照顾，才能避免矛盾和冲突，建立一种平等、团结、友爱、互助的关系，使社会生活正常进行。教育学生在家尊敬长辈，礼貌待客；在学校尊敬老师，团结帮助同学，不打架、不骂人等。

第二，培养学生的文明行为。要教育学生养成基本的文明行为习惯，如在公共场所讲规矩，有礼貌，不大声喧哗，不妨碍他人的权益，不随地吐痰，不乱丢纸屑，维护公共场所的卫生等。提高学生对文明行为价值的认识，自觉地同不文明行为作斗争。

第三，养成良好的道德品质。教育者要在生活实践中培养儿童的公德意识和责任意识，使儿童形成诚实、正直、热情、善良、有同情心、负责任、公平、仁爱等良好的道德品质。

第二节 中学德育课程建设

"培养学生做什么样的人，怎样做人"是教育工作无法回避的问题，也是德育课程义不容辞的教育目标。学校德育要坚持在管理上体现学校的主体性，围绕学校的文化、办学理念、办学目标，整合资源，把德育内容纳入学校的课程方案中去并且做到全面设计、精心设计，真正做到用课程来引领德育工作的开展，形成学校自己的德育特色。

实践出真知，德育不能只停留在口号上面。学校需要通过开设德育等相关课程，加强学生的道德观念，加强教师对德育的重视。从另一方面来说，课程的适当开设可以促进德育教学的改善。例如，学校可以设立专门的德育工作小组，让政治老师担任组长，每周一课，进行德育方面的教学工作，对学生进行德育的教育。而这种与德育相关的课程的形式，可以尽可能地多样化，以不同的主题展开。也可以增加时事政治等热点内容，让学生在学习道德方面的知识同时，也能拥有自己的感悟，从而更好地激发学生的学习潜力。

一、德育课程设置的原则

（一）课程目标明确化

现代德育应是对人的德性的培养，坚持以"学生为本"，以"贴近实际、贴近生活"为原则，明确制定德育课程的目标：培养学生的品德，即具有美好的心灵、健美的体魄、活泼的个性、创新的意识、科学的精神；让中学生获得一定的能力，即成为会自锻健身、会探索求知、会关心助人、会交往合作的学生。

（二）课程内容序列化

所谓序列化，就是我们根据未成年人思想道德建设的要求，结合学校实际，具体构建各个年龄阶段的适合学校德育工作的课程内容，并且使课程内容体现出层次性，形成序列；初步划分为三大模块，即"养成教育""仪式教育""实践教育"。

这三大模块中内容的构建，不仅考虑到德育内容的系统性，而且考虑各阶段的德育要求，有所侧重，逐步升华，做到总目标与阶段教育有机联系，相互贯通。

1. 养成教育的序列化

依据学生年龄特点，从"学习、生活、卫生、劳动、礼貌、道德行为"六个方面制定"学做人"行为习惯养成教育的分年级序列要求，在不同的年龄阶段，由于学生的理解力与认知发展水平不同，行为规范的内涵与表现形式也有所不同，因此，需要分阶段、有步骤地进行序列训练，采用螺旋上升的过程，使学生在行为习惯的养成中"学做人"，序列化的养成教育使孩子修养更高，行为更规范，为孩子成才奠定良好基础。

2. 仪式教育的序列化

陈鹤琴先生曾说过："大家都知道，人之所以异于其他的动物，就因为人是一种社会的动物。"学生也是社会人，在仪式教育的体验中能获得一种为人处世的正确信息。根据不同年级学生年龄特点开展"仪式教育"，通过序列化的"仪式教育"，充分挖掘学生的潜能，感受到自身走过的每一串足迹，从而明晰自己作为一个社会人，该如何来不断地发展自我、完善自我。

3. 实践教育的序列化

回归社会是当前德育改革的主要趋势，更是学生形成主体德性的源泉。陈鹤琴说："大自然、大社会是一本无字的书，活的书，是我们的活教材，活教师。"我们根据当前社会多样性的客观现实，充分挖掘当前社会生活中现实的各种德育资源，编写德育课程，同时，设计师根据学生的年龄特点，安排不同的社会实践活动，让学生了解社会，增加社会体验，以此提高德育的实效性。

（三）课程实施途径生活化

学校德育课程只有根植于火热的现实生活和中学生特殊的世界里，才能有实效性。德育课程实施的主要途径有课堂教学、班队活动、课外活动、社会实践、校园文化活动、家庭教育等。在实施过程中，应格外注重"生活化"。生活是德育的根基，德育离不开生活。

通过开展相关主题活动，在学生中弘扬和培育民族精神，增强学生的民族自尊心、自信心和自豪感，并将中华传统美德和行为规范教育融入其中，提高学生的思想道德素质。还可以进行"好习惯、从小养——学生行为图语"设计活动，并在家长中进行"如何从小培养孩子好习惯"的大讨论活动。在这些工作的基础上编写相关的校本德育课程。在编写校本课程时注意：教材的编著者不只是学校教师，它是由教师、家长、学生三方人员组成的。许多学生自己创作的作品也被收入其中，既让学生感到亲切感，又在充满童趣的氛围中让学生接受了中华传统美德和行为规范教育。这种德育课程是经过师生共同转化、创生的，具有丰富的情境性和生活性，真正形成可感的、具体的、容易接受的德育内容。

二、中学德育课程建设策略

（一）挖掘课程资源

第一，文化资源。我国地大物博，人杰地灵，风景秀丽，历史积淀深厚，文脉源远流长，自然、历史、人文等资源极为丰富。学校可以充分挖掘这些资源，开设相关课程，建立社会实践基地。课程的开设和基地的建立，既是对本土文化的"寻根"，又是对学校育人目标的回应，更是对学生综合素养的一种培养。通过开展相关课程，充分体现家乡文化精髓，让学生在传承地方文化特色的同时，增强爱家乡爱祖国的情感体验，通过组织项目化学习和探究活动，引导学生由感性体验深入理性思辨，从而产生认知上的升华。

第二，家长资源。学校依托家长资源和社区教育开发系列课程，比如主题讲座等，进一步拓宽学生的知识面。如"自然讲堂"课程，借助家委会力量，在班级家委会的带领下，组织家长和学生去植树、敬老、采茶、联谊、野炊、义卖、献爱心、放风筝、做手工、参观城市规划、瞻仰革命先烈纪念碑、组织职业体验、进行农耕体验……

第三，教师资源。教师不仅是课程开发的主体，也是课程开发的重要资源。鼓励教师从学生兴趣出发，基于自身特长与爱好开发课程。

（二）丰富课程内容

在规范实施国家、地方、校本课程计划的基础上，各中学应因地制宜，立足学生的个性特长需要，实施"1（国家课程）+7（学校课程）"的课程模式，构建"活动课+选修课+特长课+心理课+德育课+写字课+阅读课"七位一体的校本课程体系，力图实现国家课程、地方课程、学校课程的整合和融合，以多元化的课程为不同学生的特色发展提供可能。

以体育课程为例。学校应坚守"爱上体育课，学会一门终身受用的体育技能，培养终身锻炼的良好习惯，铸就健康体魄"的理念，按照新课标的要求，科学整合校内外体育教学资源，充分发挥每一位体育教师的专业特长，确定教学项目，开设相关课程，形成校园体育锻炼热潮。

再以实践活动课程为例。课程应包括传统文化活动课程、创新活动课程等。传统文化活动课程围绕二十四节气、传统节日开展，提升了学生对传统文化的兴趣，加深了他们对中华文明的了解，落实了培养学生民族情怀的育人目标。创新活动则是根据学生成长的需求，结合家长资源、学校资源、社区资源开展的一些具有学校特色的课程。例如，历史文化遗迹探寻之旅、电视台小记者踏青等。创新活动的开展，开阔了学生视野，提升了学生的人文素养和综合素养。丰富的课程也推进了学生综合素养的全面提升。

（三）加强课程纵向衔接

第一，课程内容设计体现衔接性。在德育课程的设计中，学校应基于中学生年龄特点、认知规律和教育规律，注重学段衔接和知行统一，强化道德实践、情感培育和行为习惯的一致性养成。学校应系统构建德育主题模块。这种系统性既体现在内容体系的完备上，更体现在对教育本质规律性的探求和把握上。

第二，课程实施方法体现衔接性。学校德育活动在具体实施时，充分发挥学校办学的优势。例如，凝结团结拼搏竞争精神的歌咏比赛，先年级比赛，后学部比赛，接着全校比赛，既彰显学校唯先必争的文化，又将德育活动呈现分合有致的良性态势，既展现不同学段的特殊性，又以整体呈现的方式，展现德育的一贯性、连续性和普遍性，使高年级自觉成为示范榜样，使低年级自觉产生学习意愿，这种生生交互的过程恰恰是德育实效性最为显著和有效的落地途径。

（四）加强课程横向贯通

第一，开展"跨年级"活动。学校应组织实施体现全员德育、全面德育、全阶段德育要求的德育课程，在时间维度上展现一个循序渐进、逐级递进的过程。例如，学校可以开展典礼活动：开笔典礼、青春典礼、成人典礼、入学典礼、尊师典礼、孝敬典礼、毕业典礼，展现学校致力于从儿童到成人，为学生打造一体化的生命体验和价值观建构过程。丰富多彩的课程与活动，有助于提升学生智能、志向、品格、意志、健康等方面的全能素养。

第二，开展"跨学科"活动。德育活动需要全员行动，必要时需要打破学科壁垒，展现德育的跨学科渗透和整合功能。进行跨学科德育整合可以通过以下途径：研究型学习主题周，以班级为单位，以学科教师为主要力量，将不同学科的课程统合在一个主题下，将一个团队的资源统合在一个主题下，有计划有组织有步骤地开展如"橘子周""汽车周""石头周""中秋周""戏曲周""年俗周""南瓜周""走进春天周"等班级主题周活动。为了保障活动的顺利进行，主题周活动的开展与班主任绩效考核挂钩。教师在原有主题周的基础上不断创新，使主题周一年比一年内容更丰富，规模更盛大，展示更精彩，收获更丰富。

第三，做好融合课程。融合课程就是各个学科互相融合，共同完成一个教育主题的中长期活动。为了做好融合课程，学校要确保物质支持。以"南瓜周"为例，班级申报关于"种植"的班本课程，学生处就把小植物园交给他们，春种秋收，各个阶段的学生亲手实践播种、搭架、施肥、除草等，植物成熟了，引导学生做美食制作与分享，尤其是南瓜成熟后，可以联合科学、音乐、数学、语文等学科教师，以南瓜为主题，开展为期一周的主题活动展示。

（五）倡导课堂高效教学

素质教育与应试教育不是截然不同、完全对立的，"育人"与"育分"作为一个统一体，回应了国家、社会和个体的多方面需求，必须两手都要抓，两手都要硬。学校需要将育人目标常态化地渗透到课堂教学生态中，展现一幅"随风潜入夜，润物细无声"的育人画卷，课堂是学校促进"育人"和"育分"的主阵地。

第一，高效课堂。学校要明确教授课、复习课、讲评课、练习课的运行标准和运行流程，强调课堂自主，学生在教师的指导下自觉主动学习；强调高效，课堂教学的一切活动，都围绕学生的发展和思维活动展开；强调优质，追求全面品质的提升，注重过程绩效与附加值。"高效课堂"中教师精教、学生乐学。在练习中，要求教什么、练什么，限时练习，注重规范和准确控制容量和难度，让学生独立练习，尽可能让学生多动脑，多动手，循环纠错，错点再练。这里的教师精教是从细节入手精心准备过程中的精致，是规范教学过程中的精准，是在更高思维要求中开启教育教学智慧动脑的精彩，是深植于教师价值观的更有爱心和责任感的精华。

"高效课堂"中教师引领、学生主体。在课堂管理方面，提出尊重永远是管理的第一要求，要求后管理，对不同学生用不同方法，用事实和数据说话，让学生尽可能参与管理。一方面强调课堂属于学生，体现对学生主体地位的尊重和个性发展需求的满足；另一方面展现学校文化对课堂教学管理的渗透影响，体现公正公平的价值追求，符合管理学和教育学规律。高效课堂还应从开放性、思维性、高效性出发，要求带着学生走向课本，对教材进行有效的二次开发，丰富教育资源，让学生在探究合作的状态下学习。问题的设计和习题的选择要突出对学生思维品质的训练，让学会、会学、乐学成为课堂的第一目标。按照这种要求组织的课堂教学，是活的教学，是动态的生成，是主动经历后的获得，是学习幸福感产生的源泉。

第二，德润课堂。学校高效课堂的"高效"，不仅体现在"知识与技能""过程与方法"的达成度上，还体现在"情感态度与价值观"的达成度上。例如，语文教师通过引导学生阅读绘本的方式让学生感受到"亲人之间的爱"和"朋友之间的爱"，音乐教师通过音乐让学生感受异域风情，引领学生认同多样文化。

（六）生活德育课程化

在新课程实验中，我们可以结合学校实际，将国家课程校本化，按课程性质、实施方式设置"四类"课程，即必修课程、选修课程、活动类课程和生活德育课程。把德育真正渗透到生活中去，让学生在生活中修炼德行，让学生全面、自主、个性发展，提高学生综合素养。

课程教育最主要是实施生活德育课程化修炼的教育。德育的关键是与生活结合起来，让学生在德育中学会生活，在生活中加强德育，是最实在、形象、具体，最容易收效的办法。根据以往经验，重点应当将实施生活德育课程化修炼作为德育品德的重要活动之一。

德育在学校教育中的重要性不言而喻，但长期以来，现代学校德育工作存在着屈服于教学压力、迷失于惯性、与生活的疏离等方面的困境，使得学校德育重硬性灌输，轻亲历体验；德育与生活脱节，只注重讲授和理性理解，忽视学生德育生活，使学生感受不到德育与他自身生活的关系，学生的生活质量也并没有因为学校所谓的德育而得到提升，轰轰烈烈的德育主旋律掩盖了与学生息息相关的德育生活。这样的德育，学生并不乐于接受。学校实施生活德育课程化活动符合德育理论和实践的要求，在教学过程中完全可以理直气壮地提出实施生活德育课程化修炼活动。

根据现代教育的基本原则和新课程改革的理念，必须积极探索，结合学校传统德育特色，从学生生活实际出发选择德育内容，以生活中的、成长中的问题为主题构建内容体系，真正把德育渗透到生活之中，让学生在德育中学会生活，在生活中修炼德育，建构生活化、课程化、校本化的德育课程化修炼体系，让学生全面发展，自主发展，个性发展，全面提高学生综合素养。

实施生活德育课程化修炼活动的途径和方法：

1. 从总体上规划设计

实施生活德育课程化修炼活动，学校必须事先对活动进行全面细致的规划设计。学校生活德育课程化修炼体系应依据课程改革的目标，着力体现出时代的要求。根据《国务院关于基础教育改革与发展的决定》所确定的基础教育培养目标，把生活德育课程化修炼体系设计为六个单元，内容包含校园生活、家庭及社区生活、思想素质、道德修养、学习习惯和"三心"教育。同时，可将六个单元加以细化，拓展为数十个序列、上百条具体修炼目标，从而使修炼内容趋向具体、明确，修炼过程更具操作性，也更符合学生的发展和实际需要。

2. 搭建修炼平台

实施生活德育课程化修炼活动，学校必须积极搭建科学而具体的修炼平台。如紧紧扣住四大创新德育，切实开展"日·周·月·期"系列活动，积极推进小团队和成长记录袋的建设，为学生生活德育课程化修炼搭建坚实的平台。

（1）认真开展"日·周·月·期"系列活动。如小组民主生活会、班级早训、学校"三心"教育、学生绿卡等活动。每天，学生主动参加早上的早训活动；每周，利用星期四下午第三节课，小组和团队成员之间进行交流和展示；每月，学生参加一次小组民主生活会，学生根据自己的表现以及进步情况，积极向学校申报校园"绿卡"，学生积极参加"三个一"的三心主题教育，即举办一期三心讲坛，开展一次"三心"教育主题班会；每期，写一篇"三心"教育心得体会、践行感悟，申报学校各种先进个人的表彰，认真开展自我评议和学分认定。通过系列活动，为学生在修炼过程中提供自觉、自省、自励的平台。

（2）推进小组和小队建设。班级先采用"队内异质，队间同质"原则，组建小团队，如小组或小队。依据"自主、公开"的原则，在学校宣传发动的基础上，年级组统一协调，将本年级任课教师分配到班级，由班主任提供任课教师名单，师生双向选择，确定团队辅导教师。建立学校、年级、班级三级管理机构和每周至少与本团队学生谈心辅导一次的谈心辅导与汇报制度，定期与本团队学生家长联络制度、个案分析评价制度、学生团队考评制度、辅导员考评制度、奖惩制度等多项制度。将团队的发展情况与辅导教师的德育工作考核挂钩，纳入教师年度业务考核。团队的建立，有利于德育工作无班主任化，提高德育工作水平。

（3）完善学生成长记录袋。为体现评价的民主性、个性化和评价的客观性、实效性，关注学生个体进步和多方面发展潜能，描绘出一个动态的、完整的、立体的学生发展的图画，使每一个学生都能找到适合自己发展的途径，凸显个性，展示自我，让每个学生体验成功的喜悦，建立每一位学生的成长记录袋。如有的学校对材料的收集就结合学生生活德育课程化修炼的全部单元，数量每学期不少于10件，可以根据自己的实际情况更换，但必须真实全面、典型并有梯度，能体现个性特点，每种材料原则上要有学生自己的心得体会或感悟。每周在辅导教师的指导下，开展小团队交流活动，每月以班级为单位进行全班交流展示，每学期在年级交流展示至少一次，每学年举办全校性的展示，交流一次并评选"优秀学生成长记录袋"和优秀个人。

3. 突出两个结合

实施生活德育课程化修炼活动，学校必须在活动中努力突出两大结合。

（1）课程化修炼坚持必修和选修相结合。根据马斯洛的"需要层次说"，可设定每学期两项的必修目标，学生在选择修炼目标时，根据自身情况，有重点另选取八项自己没有达到的内容进行修炼，另外，每名学生还可以结合自身实际情况，向学校申报上百条修炼目标以外的目标，认定后就可以纳入个人修炼内容，在学分认定时同样有效。

（2）修炼结果注重过程性、发展性和终结性评价相结合。学校在评价过程中，不是注重评价的结果，而是注重学生的变化过程。关注学生在修炼过程中的主观能动性，激发积极主动的态度。每周安排一节课，让各班小团队的成员都要聚集在一起，积极开展自评与互评。小团队成员对自己一周以来开展生活德育课程化修炼的情况进行自我总结、自我反思，小团队其他成员要进行互相评价，在评价的基础上，同学们相互学习，互相督促，共同进步。根据学校全员德育"靠近学生、走进学生"的理念，每次小团队开展自评和互评活动时，辅导教师应全程参与，指导学生进行修炼，并为每一位学生写出过程性评语，在学生思想和行为出现波动时，我们的辅导教师要参与对学生的心理疏导工作。其中，在终结性评价时，学校不以某种固定的权重折合成具体的分数，而是强调学生在修炼过程中的切实感悟和内在提高。对于评价，学校要坚持公平、公正、公开，兼顾过程评价与阶段性评价结合，注重发展性和科学性的原则。在对每个学生终结性评价之前，着重开展学生互评与自评，结合辅导教师的过程评语和评价，最终形成每名学生的学期综合性评价。学校开展生活德育课程化修炼作用很大，可以改变学校传统的德育工作模式，给学校教师和学生的思想带来质的飞跃，能为学校在社会转型时期和新课程改革背景下，切实开展学校德育工作，全面提高学生综合素养打下坚实的基础。

第三节 中学德育活动实践

要真正实现德育的有效性,仅仅局限于书本,拘泥于某一种形式是不够的,它需要借助于多种途径、多种手段实现其真正的育人功能。实践活动是中学开展德育工作的有效路径。

理论教学必须结合实践活动才能够让学生真正理解和掌握,实践活动对德育工作来说必不可少。对学生进行社会主义核心价值观教育,可以寓于多样化的中学综合实践活动中,其中包括爱心公益活动、社区服务与社会实践等;也可以寓于活动课程以及创新课程中,如利用信息技术课程培养学生信息技术素养和操作能力;利用劳动和技术教育课程,进行现代职业教育、职业技能的培养;利用丰富的社团课程,培养学生的兴趣,提升综合素质。让学生学习的理论知识和自身的生活实践更加接近,在生活实践中真正融入社会主义核心价值观内容,提高学生的综合素质,让学生拥有更强的爱国主义情怀,树立和培养坚定的理想信念和道德情感。

一、中学德育活动实践开展的意义

德育相关活动的开展可以给德育的教学工作锦上添花。学校应该鼓励德育相关活动的举行。因为这样的活动不仅仅富有趣味性,还能让学生在参与的过程中明白品德的重要性,懂得其蕴含的深刻含义,用寓教于乐的方式便能达到理想的德育效果。学生也能更加积极地参与到活动中去,在潜移默化之中使学生的品质得以提升。

在班级管理中,定期组织学生开展德育实践活动,让学生亲身参与各项班级管理工作,体验其中的道理,体悟其中的情感,从而形成积极、健康的心理素养以及爱国主义情感、良好思想品质等等。在组织学生参与班级活动的过程中也可以培养学生的责任感,使学生能够成为班级管理的主体,促进学生自我管理意识与自我管理能力的形成,这对于学生自律、自信品质的形成也具有非常积极的促进作用。

德育并非只能局限于课堂中,根据教育工作需要也可以将其延伸到户外开展实践活动。为了进一步强化德育效果,中学教师可以在德育工作中组织学生开展一些户外活动,带领学生走出校园,走进社会,切身地体会和学习德育内容,校园外的环境能带给学生更多的学习机会和感受。与此同时,户外德育活动更有助于学生体会德育对自身成长与管理的重要性。比如,合理利用假期时间,一并组织学生到当地的敬老院做志愿者或义工，尽管敬老院里的老人生活上衣食无忧，但其精神上由于缺乏陪伴和关爱还是非常孤独的，以此为切入口让学生们带入性思考自己家中的老人，从而唤起他们的情感共鸣，然后组织学生为老人们筹备表演节目，在有限的时间和精力内带给老人快乐。这种课外德育活动引导学生深刻理解"孝"的意义，由此引发的思考与教育将帮助他们提高道德素养。

二、中学德育活动实践存在的问题

在长期的德育实践工作中，我们也发现一些问题：德育活动、实践基地建设没有能真正发挥其教育作用，在学生素质教育的过程中成为可有可无的点缀。

（一）教育内容公式化，实践活动形式化

很多时候，我们的德育活动仅仅是为了完成任务，操作性不强，更谈不上实践性。如在参观纪念馆时，由于低年级学生的认知能力有限，还不能完全理解纪念的意义；又因为个子矮小，而展示图片的高低设置是以成人的身高而定的，所以孩子们看不见看不懂，导致教育效果不理想。另外，德育实效性不够：如公园、中心绿地环境优美、人造景观较多，但德育的教育内容、意义缺少。再者，客观条件限制：许多实践基地离学校很远，每次活动事先准备车辆、安排教师，担心学生的出行安全等等，工程浩大，而因为时间的限制，学生真正活动时间相应减少，因此许多内容学生不能充分实践。也有个别德育基地的教育内容、设备陈旧，缺少新的时代气息，使得社会实践基地教育的功能和实效大大降低，实践活动多流于形式，学生德育体验感受不深。

（二）教育目标模糊化，基地选择简单化

许多老师在设计中力求完美，过度追求形式，忽视学生活动体验感悟。有时组织学生去实践基地，事先也没有与学生讲明活动的意义要求，达到的任务等等，学生在活动中也就没有了目标，也就演变成一次纯粹的"玩儿"。为活动而活动，更谈不上让学生感受生活。基于以上的思考，我们认为：德育应该回归生活，提升学生的幸福指数不单单是一种口号，更是一种细化的行为过程。在社会实践活动前先制定活动方案，根据学生的认知规律分别提出不同的参观目的和要求，有针对性地布置不同的知识点和思考任务，做好事先的"预习"。让学生明确：为什么去？去解决什么问题？通过"预习"使在同一个基地活动的学生得到不同层次的认识与提高，避免了"老面孔""老问题"。活动过后还可以利用午会课等组

织学生讨论活动心得,动员学生写一写、画一画等,用不同的形式来巩固活动的教育意义,使教育取得实效。

三、中学德育活动教育实施

(一)阅读经典

开展经典阅读活动,是活动教育的重要内容。阅读一向是提升人的素质、增强人的品德素养的阶梯。而培养一个人的阅读兴趣,理应从中小学生阶段抓起。学校打造品德教育品牌,应当把阅读也列入德育工作的议事日程,用阅读涵养品德,经典浸润人生,着力营造"书香校园"。

在引导阅读经典的活动中,从德育角度要注重学生阅读红色经典,这对于铸造民族精神,增强理念信念,传承优秀的革命历史传统,认识我国近现代历史人物、历史事件,从中感悟优秀传统,塑造具有爱国、进取、开拓、创造、敢于推进和担当社会改革的现代人格具有重要作用。读一本革命或历史人物回忆录,就能认识一段历史,理解一个时代,体会一种精神,形成一种节操。如学习革命事迹,滋养浩然正气,塑造非凡人格,陶冶美好情操。而从德育培养学生的理想信念角度看,鼓励学生阅读红色经典,是因为中华民族千百年来可歌可泣的英雄事迹,荡气回肠的历史画卷,汇聚而成的便是中华民族图强奋发,屹立世界的精神内涵。延承这种精神,将它作为我们的行动指引,并发扬光大。

阅读经典,使好书对学生起到指路明灯的作用。读书,读好书,读经典,特别是课外阅读经典,无疑可以让学生在书香中成长。在指导学生阅读经典的过程中,一定要让学生明确阅读经典的作用和意义,以提高学生的阅读积极性。

(二)制度教育

1. 小组民主生活会制度

"小组民主生活会"是德育制度教育的内容之一,怎样开展小组民主生活会呢?主要是定量定时定人定责定做法。学校确定每月开展一次小组民主生活会,由学生处安排,年级组统筹,班主任和科任教师参与,组长主持,全体组员参加。活动中,每位组员对自己在小组的行为做"好""不足"两方面的评价并举出实例,组员内部进行互评讨论。教师仅仅是一个参与者,不能在会议过程中随便发言,而是以观察者身份发现问题,会议结束之后再以朋友身份个别提醒。另外,在班级,一个小组扣分最多的往往是小组卫生和纪律问题,如何把卫生、纪律做好也就成了一个小组的好坏主要问题。小组要经常检查卫生，不允许乱丢垃圾；在纪律上也要互相监督。

开展小组民主生活教育的作用：

（1）开展小组民主生活教育活动，可以引发思维碰撞，构建和谐校园。试想一个学校，其中的学生来自不同的家庭和社会阶层，生活习惯千差万别，加之当今学生具有了强烈的独立意识和自我意识，难免在班级和小组里发生一些矛盾和冲突，如何使学生自觉遵守管理制度，学会生活，学会处理人际关系，特别是加强学生的自理能力，成为一个急需解决的问题。因此，学校需要积极探索建立学生小组民主生活会制度，建立"生活体验—自主反思"的德育工作模式。

（2）有一句哲理名言："最大的敌人就是自己，要战胜敌人首先要战胜自己。"人的弱点有很多，贪婪、自私、妒忌、好逸恶劳、优柔寡断、虚荣、胆小、刚愎自用、猜忌……中学生也一样，只是与成人程度不同而已。其实，在我们的生活中，无论是伟人还是平民百姓，每个人都会展现出人性的弱点。然而一个人要发现自己的弱点、改掉自己的弱点是一件很难的事情，只有以人为鉴，虚心听取别人的意见，理性反思，深刻地进行自我反省，这就是大彻大悟，是战胜自我的开始。要痛下决心，认识一点，改掉一点。古今中外多少伟人，他们人格魅力的形式或伟大成就的取得，无不是以自我反省自我总结为基础。良药苦口，忠言逆耳，以人为鉴，可明得失，知己知彼，百战不殆。学校可在每月的小组民主生活会中要求学生日日反省，进行自我剖析、自我检查以求达到学高、志远、行笃的目的。由此可见，小组民主生活会对学生个体的思想品德教育作用很突出。从某些学校的实践情况看，学生通过批评和自我批评，总结反思自己和他人学习、生活情况，让学生与学生之间的思想自由碰撞，让学生在参与中反思，在体验中习得，在自省中提升。同时，也使学生在交谈中，友情更深，心与心的交流达到高潮，使希望和愉快的种子同时埋进每个人的心中。

民主是沟通心灵的桥梁，它将一颗心与另一颗心紧紧相连，让同学之间友好相处，相互坦诚，相互信任，说真心话。相处同组人，学习同组生，感受同组情，体验沐浴在阳光下的民主生活是幸福的。这是小组民主生活的一大优势。无疑，构建和谐民主需要从小事做起，同学之间少骂一句，多谦让一点，就多一份友谊，多一个朋友，何乐而不为呢？同学之间少一份抱怨，少一点记恨，就多一份包容，很多误会都会化解。往往是这些微不足道的事才体现人的品德，也只有在这个民主之中，学生才会体会到自己存在的价值，向善的欲望才能变得更加强烈。民主意味着团结。这正是小组民主生活会凝聚和发挥正能量的重要标志。

总体来看，开展小组民主生活会，一是通过这种形式真正搭起学生之间、师生之间心灵沟通的桥梁，增强学生的自信心，加深学生之间的情感；二是既可丰富学生的小组生活，又能增强学生之间优良的人际关系，优化学生的班级日常行为，提高学生的思想道德素质。小组民主生活会由于能使班级发生明显的变化，管理起来轻松得多，同学之间不容易因一点小事闹矛盾和分裂，不容易出现打架事件。学生在这个小家庭中学会约束自己，克服了自私心理，自觉遵守纪律，相互信任，相互帮助，个体与个体之间，组与组之间，容易形成赶、学、比、拼的良好风尚。俗话说："众人拾柴火焰高。"一个优秀的小组离不开小组成员的团结一心，学生彼此包容，彼此理解，彼此帮助，互相间尊重彼此的劳动成果，营造了一个和谐的爱的小组。由小组再扩大到班级，就能构建和谐而充满积极向上气氛的班级，更好地形成良好的班风、学风。

2. "绿卡"制度

（1）"绿卡"的性质

"绿卡"是有关学校实施的对于平时模范遵守《中学生日常行为规范》和学校、班级规章制度的学生或一学期进步显著的学生颁发的一种荣誉性标志，也是持卡者放学时间或其他特殊情况下能自由出入校门的凭证，同时是评比各项先进的依据之一和参加学校有关免费夏令营的主要依据。"绿卡"的颁发，目的在于鼓励学生平时严格要求自己，特别是在日常行为规范上争做优秀的中学生，积极争取进步。

（2）实施校园"绿卡"制度的策略

①明确"绿卡"的待遇

学校可以对"绿卡"的待遇做明确的规定，如重点针对高年级学生，一次获得"绿卡"，可以放学时间或其他特殊情况下自由出入校门，并以书面形式告知家长；学期获"绿卡"累计3次（含3次）以上者，校长组织座谈鼓励；一年获"绿卡"累计6次以上者，学校组织免费夏令营或其他重要活动；"绿卡"是评选各种先进的德育考核依据之一。

②明确"绿卡"的评定条件

评定"绿卡"主要考查学生在一学月内德、智两方面的表现，尤其侧重学生日常行为规范的考查或在学习上有显著进步，具体条件可包括：

思想品德方面：严格遵守学校和班级的各项规章制度。当月无严重违纪行为，未受学校的通报批评或年级、班级的警戒（有上述情况者取消当月评定"绿卡"资格，特别是有私出校门、进入营业性网吧行为者取消两个月评定"绿卡"的资格），关心集体，团结同学，乐于助人，有较强的自律能力。并承诺严格遵守《"绿卡"制度》的相关规定。

学习方面：学习态度端正，遵守学习纪律，不迟到旷课（无故旷课者不得评定绿卡），学习努力，成绩良好；学习方面被老师和同学认为有明显进步。

③明确评定程序

班主任和班委会确定候选—班级学生评定（班长签字）—征求任课教师意见，班主任初审（签字）—年级组复审（签字）—德育处审定颁发—在升旗仪式上（或张榜）公布该月全校获得"绿卡"的学生名单。

④明确"绿卡"使用和管理

规定有效时间：如有效期为一个月即领到"绿卡"后四个周，使用时段为周一到周五的中午放学和下午放学。一个月后将"绿卡"交班主任收回，班主任将过期的"绿卡"交回到德育处。

约束使用者："绿卡"仅限于持有者本人使用，不得转借他人，一经发现，立刻取消持有者的当月"绿卡"资格和次月评定"绿卡"的资格并给予警告处分，冒用他人"绿卡"者取消两个月申请"绿卡"的资格。

使用时配合校牌使用，进出校门主动出示"绿卡"和校牌，便于门卫核对。

总之，这种"绿卡"制度看似麻烦，实际上是把学生行为规范扎实落实到行动上，非常具体实在。

3. "点赞"制度

"点赞"制度，也是制度教育的一种十分重要的形式，就是把挖掘、鼓励和表彰学生行为的闪光点制度化，而不仅仅是随意的可有可无的赞扬。点赞制度是对"绿卡"制度的进一步完善、补充对学生成长动态的评价机制，主要是从正面评价学生品德，量化评价学生品德。如我们学校可以实施点赞礼雅少年的德育管理与评价制度。

中学生是最喜欢受到赞扬和夸奖的。一个人在受到赞扬和夸奖的氛围中会更加积极地发扬、强化他被赞赏和受夸奖的行为。这是人之常情也是心理规律。所以中学德育讲究用欣赏的态度教育学生。既是要求教师要带头欣赏学生，也是培养学生欣赏他人、欣赏同学的意识。而这里所提的"点赞制度"也作为激励学生优秀、树立品德榜样的一种德育工作方式，是对欣赏之心的具体培养和运用。

实施"点赞"制度的具体措施：

（1）确定点赞板块，使点赞具有针对性、奖惩性

学校要采用点赞办法评价学生，首先要划定点赞范围，确定点赞板块，保证

点赞内容具有针对性、具体性和标准化。

（2）明确获赞标准，使点赞具有标准性、操作性

学生获赞必须有明确的标准，不然点赞就会陷入盲目性。明确标准并公开标准，正是为了让教师、学校、学生和家长心中有"底儿"，既让教师、学校、家长能按标准要求学生，监督同学、老师的点赞是否合理，也让学生能明确按标准去要求自己，明确自己有什么做得对有什么做得不对，并明确老师和同学是否公正。因此，学校实施点赞制度，明确获赞表赞是十分关键的。

（3）进行及时评价

点赞制度作为思想品德动态评价、教师评价、他人评价、学校评价的制度，由于其动态性，就必须强化及时评价原则，使评价具有很强的时效性，从而具有更强的针对性和为学生提供强化自己的亮点、克服自己的缺点的及时参照度。

四、中学德育具体实践分析

中学德育应理论联合实践，避免德育流于形式，为提升德育有效性，需在明确德育内容与教育目标基础上，开展实践活动。在中学教育期间，可组织"共建美丽校园"系列活动，具体实践活动流程如图 3-3-1 所示。

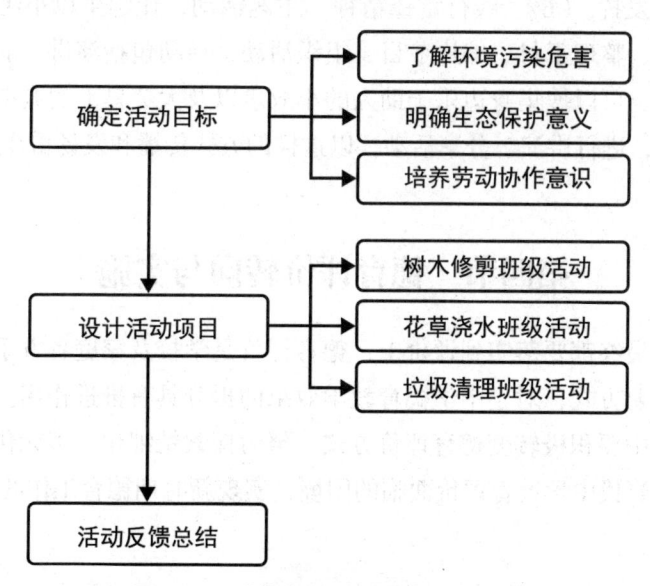

图 3-3-1 "共建美丽校园"系列活动课程

引导学生通过实践活动了解环境污染危害及生态环境保护的重要性，进行生态文明教育，此外，以活动为契机，引导学生与教师互帮互助，合理分工，培养

学生团队协作意识及劳动意识,在劳动实践中体会快乐。在"共建美丽校园"系列活动中,考虑到学生日常学习压力,选取每周五下午最后一节课作为实践劳动时间,由各班级自主选择场地开展树木修剪、花草浇水、垃圾清理等活动,引导学生们分工协作,使学生在实践活动中逐步建立劳动意识与合作意识,并于活动结束后进行总结反思,实现活动内化。为保障学生健康,班主任可结合学生活动开展情况进行安全教育,并准备急救药品,在德育的同时进行安全教育。

除上述活动外,还可组织其他多元化活动:(1)开展博物馆参观、红色遗址游览等活动,使学生在特定场景氛围中感受文化魅力及红色革命情怀。(2)组织敬老院志愿者服务活动,或社区敬老宣传等,学生们还可以来到老年社区中心陪老人聊天,为老人们表演节目,帮助老人们打扫卫生等,通过开展多种形式的德育实践活动,不仅可以培养学生良好的道德品质,还有利于学生良好行为规范的养成,培养学生尊老爱老理念。(3)由教师带领学生开展职业体验活动,如交通指挥员、环卫工人等,使学生在实践活动中感悟德育,形成正确职业认知。(4)定期组织心理宣讲、心理讲座等活动,贯彻落实心理健康教育。(5)举办"德育伴我行"的主题文化节活动,可以让学生分小组进行比赛,除了能让学生明白合作的重要性,也能让其更加理解德育的内涵所在,加强道德意识,让德育的效用得以充分地发挥。(6)"践行雷锋精神"主题活动,让学生以小组为单位自主完成搜集资料、整理素材、编排节目、组织活动,活动包括演讲、歌唱、情景剧等等。学生们也可以搜集身边乐于助人的小故事以及大荧幕上的典型案例,在班级中播放视频,进行讲演、分享活动,以这样的方式传播和发扬雷锋精神。

第四节　德育评价转向与实施

任何教育最终都要落实到评价上,德育评价是学校及家庭各方了解德育工作开展情况的重要方式,对于中学德育教学效果的提升具有推进作用。中学德育工作在开展过程中要积极转变德育评价方式,努力探索精细化、多元化的德育评价方式,以解决当代中学德育评价面临的困境,实现新时期德育工作的目标。

一、中学德育评价的现状

（一）多元化社会对中学德育评价的影响

信息化时代的来临，信息传递速度加快，人们获取德育相关信息将不再受到时间和空间等因素的限制，对德育情况的影响较大。基于此，中学德育工作不再局限于教学目标，而是分析德育对学生现实生活产生的影响。就目前的德育评价情况来看，过于单一化，无法适应新时期多元化社会的需求，日益丰富的社会生活给学生带来了很多影响，较快的信息传递更是对中学生提出了更高的德育要求，缺乏多维度的德育评价，将直接造成德育无法实现顺利的社会转型和革新。

（二）个性化发展对中学德育评价的影响

个性化教育是新时期教育的重要目标，即满足每一个学生自主性、独立性以及实践性的需求，促使学生的主体意识和主动发展意识得到培养。就目前中学德育评价来看，多以教师为主体，这与中学生个性化发展的目标相悖，也只有让学生的道德自主性得到发挥，学生才能理解道德的真实含义，才能形成德育自主性。另一方面，当前德育评价过于绝对，与实践性较强的德育不吻合，德育只有与生活相结合才能产生德育力量，以达到真正的德育影响。

（三）道德习惯养成对中学德育评价的影响

德育的目的是改变学生的行为习惯，促使学生德育行为经常化、习惯化、自动化。就小学德育评价来看，过于关注德育课程知识的学习是其现状，在经济全球化、科技国际化和文化多样化的时代，不断做到与时俱进，构建起合适的德育评价体系。

二、中学德育评价原则

（一）主体性原则

德育课程育人效果的评价，坚持主体性原则，要求在评价时承认评价对象在评价中的主体地位，充分发挥他们的主观能动性，调动他们参与评价活动的积极性。同时，在综合运用教师评价、学生自评、学生互评和家长评价等过程中，还应使学生认识到自我评价对学习能力发展和品德发展的意义，并学会自我评价的方法。教师要提高参评者和被评价者对评价对象主体地位重要性的认识，激发他们的内部活力，使评价过程成为自我认识、自我分析、自我控制、自我调节、自我完善的教育过程。

（二）发展性原则

在德育评价过程中，坚持正确的价值导向，有利于促进学生良好品德行为的形成和思想政治素质的提高，增强学生成长的信心和进取动力；要充分考虑学生未来发展的需求，注重把学生个体的发展需求与国家社会发展需求紧密结合起来，使其个性发展目标符合国家社会发展需要。对学生评价要坚持三个发展的评价宗旨，即全体发展、全面发展和主动发展。用发展的观点和思想方法去评价学生，对不同的学生在学习活动中的点滴进步都给予肯定，鼓励他们不断努力，激发学生主体自我发展的意识，要关注学生原有的基础和个性特点，对学生日常学习过程中的表现、所取得的成绩以及所反映出的情感、态度、策略等方面的发展作出评价，使学生认识自己的不足，从而有针对性地改进、调整和优化，最后达到促进学生学习成长的目标，进而让学生获得最佳发展。

（三）过程性评价和结果性评价相统一原则

学生德育课程学科素养的提高需要在一定的过程中实现，对学生品德行为和思想政治素质的评价，要进行全过程跟踪评价，不仅要重视结果，更要注意其发展、变化和过程，把形成性评价与终结性评价结合起来，把评价有机地融合在教学过程中，灵活选择观察、访谈、问卷调查、测试、档案袋等方式，记录学生在成长过程中付出的努力、获得的进步和存在的问题，并给予学生足够的机会展示其成长进步的足迹，发挥评价的激励功能。过程性评价要注重学生在德育课程学习中所表现出来的学习态度、所获得的感悟和体验、发现问题和解决问题的创新能力以及日常行为表现等，既对学生的课上表现进行评价，也对课前、课后的表现进行评价；既对学业成绩进行评价，也对学习生活中的行为表现进行评价，只有这样才能充分收集过程信息，真正发挥评价的作用。

（四）一致性与灵活性相结合原则

一致性是指进行德育评价时，必须采用一致的标准，那就是德育课程共同的价值标准和行为要求，灵活性原则强调学生发展的多样化和个性化，要求我们在评价学生时应注重反映学生的差异性和多样性，在评价中要根据学生的不同思想、文化、身心发展基础，制定不同的发展目标、内容和标准，因材施评。在德育评价中既要贯彻一致性原则，又要贯彻灵活性原则，应将两者统一起来。特别要注意学生的个体差异，发现不同层次的学生在原有基础上的变化，使每个人都能持续发展，看到学习成功的希望。教师应注意根据学生的年龄特征和学习风格的差异，采取适当的评价方法，从实际出发，对具体的学生提出具体要求，使每位学生学有所得，都有自身成长、发展的时间与空间，从而促进素质的提高。

三、中学德育评价类别

（一）自我评价

自我评价即是学生对自我道德水平的预测以及自己对提升道德水平的行为方式抉择，并通过同伴间的讨论、榜样人物的观察获得自省和反思。学生对自己的认知往往是最准确的，虽然有时候未必会表达出来，但实际上他们有自己的判断和价值取向，而教育者的作用就是让学生表达出来并加以引导，这就是德育的作用。

（二）数字画像

学校利用信息化平台，借力改革中的综合评价体系，提供多样化的数字评价工具，记录学生的行为表现，从品德发展与公民素养、修习课程与学业成绩、身心健康与艺术素养和创新精神与实践能力四个方面给学生进行数字画像，准确刻画学生的综合素质，并且这种评价贯穿整个中学阶段，是一个动态记录、螺旋迭代的过程，它注重激励和导向，具有调整行为和促进矫正的作用，这不仅是一种关注"成绩""表现"的评价，更是一种追踪"过程""成因"的评价。

（三）多元评价

学校以发展性评价为引导，建立完善的以教师、学生为主的发展评价指标体系，以实现德育课程的目标。全面、合理地考核、评定学生，促使学生在德、智、体、美、劳方面全面发展。

1. 学习评价

一是细化学分评价方案，建立诚信、申诉、公示三大评价保障制度，使评价更客观、公正。二是优化教学过程，实施课程过程评价。三是改进考试内容与形式，激发学生学习兴趣，使评价更有实效性。每次考试硬性设置最好为 0.7 的难度系数，切实降低考试难度。根据班级层次，学段层次，实施分层考试。最好能设立无人监考的诚信考试。

2. 行为习惯评价

学校可构建各项教育体系，并以这些体系为依托，通过自评、互评、指导教师评、班主任评四个层次对学生的行为习惯进行评价。每个月由年级组安排，班主任和指导教师组织实施，首先以小队为单位开展自评和互评，其次由指导教师根据学生自评和互评情况进行小结或评价，评价结果记录在小队的荣誉簿上。学期末学生处、年级组和班主任根据科任教师的意见以及荣誉簿对学生进行总结性评价，并进行最终认定。

当然，学校需要研究如何将学生的接收和进行各项德育的自评、互评以及教师的评价及时反馈到新课程管理平台上，让学生随时都可以看到自己的评价，真正促进学生的健康成长。

3. 依托于成长记录袋的学生成长评价

依托于成长记录袋，通过自评、互评、教师评、家长评对学生的成长进行评价。学生收集整理个性化材料，留下自己的感悟或体验实际上就是一个自我评价的过程；教师和家长阅读成长记录袋后的留言也就是对学生的评价；小组、班级、年级成长记录袋的展示与交流活动也是对学生个性发展的评价，激励着学生成长、成人、成才。从学习评价、习惯评价和依托于成长记录袋的成长评价三个方面，需要借助新课程管理平台、荣誉簿、成长记录袋三个评价平台，采取学生自评、小组互评、教师评、家长评四种评价方式，构建多元化的学生综合素质评价机制，以促进学生个性发展、健康成长。

四、构建中学德育评价体系

教育评价能够在很大程度上推动教学管理活动的开展，特别是在推进德育管理工作的过程中，中学有必要结合当前社会的发展趋势，对德育管理工作成果进行归纳总结，建立综合性的评价体系，全方位考查学生的学习情况与道德素质，让学生以更加积极主动的态度投入德育学习当中，并让学校整体的德育管理效果得到提高。学校与教师需要对学生参与德育活动的情况进行综合考察，如评估德育作业完成度、德育实践参与度等等。此外，还需要综合点评德育工作的具体开展情况，其指标涉及德育氛围、教学形式、教学内容、教学结果等。通过开展一系列的管理评价活动和建立德育管理评价体系，学校领导可以统筹安排德育管理活动，吸取经验教训，而教师也能够在实际工作当中找到最佳的着力点和突破口，为学生的道德素质培养保驾护航。

（一）德育课程知识与德育实践评价相结合

完成德育课程是国家对德育工作的要求，通过对德育课程进行评价，可以了解学生掌握德育知识的情况，消除不同学生德育知识的认知差异。增设德育实践评价，能够从根本上了解学生践行德育知识的情况，有利于学生将德育知识个性内化后并社会化，长期坚持以养成良好的德育习惯。基于此，德育评价需要在原有课程知识评价的基础上增加实践评价，通过双维度评价提升中学生的综合素质。

（二）德育评价精细化、多元化

基于新时期个性化发展的教育需求，德育评价在制定过程中要尊重学生的意见，将学生的主体地位凸显出来，同时需注意将德育评价切合学生的生活，满足时代性和地域性的需求，如农村德育与城市德育的差异、西部地区与沿海地区德育的差异等。德育评价内容多元化的同时也要注意精细化，不能过于绝对，把德育实践行为作为合理的评价，并引导学生逐渐朝向德育目标，如此德育评价将成为一种小学德育教学工具，辅助达成德育目标。

（三）多维度开展德育评价

德育评价可通过学校、社会、家庭三个维度开展，在三个维度的有效结合能够实现教育力量的融合，促使德育教学效果稳步提升。构建全新德育评价体系的过程中，需要对各个教育团体的组成、效果及管理机制进行分析，准确分析其扮演的角色和达成德育目标的方法。具体实施过程中，学生家长在中学生德育评价中占据主导地位，社会德育评价与学校德育评价占据辅导地位，三者相互结合，相互补充，朝着统一德育目标前进，为学生综合素质的全面提升努力。

总之，德育评价是德育工作的重要内容，是检验德育教学成果和提升德育教学质量的有效手段。当代中学德育评价面临与社会发展和教学需求相驳的问题，需相关教育工作者积极结合时代特征，构建良好的德育评价体系，开展合适的德育评价系统，满足当代德育的需求，满足社会发展和时代教育的需求，引导学生自觉朝向高素质发展。

第四章 中学德育建设新发展

中学教育阶段的学生正处于身心快速发展的关键期，既要面对身体特征的快速变化，同时也将经历思想的"巨变"。只有加强有效的德育工作开展，才能帮助学生养成良好的行为习惯，顺利度过逆反期。因此，中学阶段的德育建设至关重要。本章主要论述中学德育建设新发展，分别介绍了家校协同德育建设、大数据与德育建设、班主任与德育建设、中学德育与学科教学四方面内容。

第一节 家校协同德育建设

家庭教育、学校教育、社会教育三者相互影响、相互合作，而家庭教育和学校教育又紧密联系，二者起到相互补充、相互协调的作用。学校是小环境，家庭是大环境，学校是阶段教育，家庭是终身教育，全方位育人离不开家校合作。因此，多开展家庭教育活动，让父母在活动中对孩子进行德育，将家庭教育与学校教育相融合发展，有利于促进孩子全身心发展。家校共育有利于建立学校、家庭和社会教育的协同机制，形成"三位一体"的教育合力，从而推动学校教育工作的健康发展，促进家长教育素养和家庭教育水平的提升。苏霍姆林斯基说过："没有家庭教育的学校教育和没有学校教育的家庭教育都不能承担培养人这个艰巨而复杂的教育工程。"

一、分析家庭教育的现状

随着国家飞速发展，人们受教育程度不断提高，家长的学历和素养也在不断提升。很多家长通过书籍、媒体、社交圈等渠道获得家庭教育指导，越来越重视家庭教育的方法和策略，越来越客观理性地处理孩子成长过程中可能出现的问题。然而，也有相当一部分家庭由于受社会大环境、家育理念、教育方法等影响，严重干扰其家庭教育的有效实施，阻力重重。

一是重智轻德的误区。目前普遍存在的问题是相当一部分家长，只重视孩子的学业发展，不重视孩子的品德养成和心理健康，认为除学习成绩外的问题都是小问题。殊不知心理建设和综合素养才是孩子真正的后发作用力。

二是家庭失和的遗憾。在快节奏的时代，人们的生活、工作压力很大，一些孩子跟老人一起生活，有些虽然与父母共同生活，但家中纷争不断，失去和谐的音符。在忙碌与不和谐中，家长无暇顾及孩子真正的想法和需求，孩子缺失父爱和母爱的怀抱，缺乏安全感和信任感，有些孩子甚至产生心理问题。

三是溺爱纵容的危害。物质生活富裕的年代，有些家长怕孩子遇到挫折受委屈，无原则地溺爱孩子。长期溺爱势必导致孩子以自我为中心，变得自私，没有责任心。

四是过于倚重学校教育。有些父母缺乏对孩子的教育意识，将教育孩子的责任全部推给学校。孩子的独立意识、良好性格等都与家庭教育有关。

五是教师缺乏家庭教育指导方法。一些教师自身家庭教育指导的专业水平和专业能力不足，在主观意识上不够重视家庭教育的作用，在方法能力上捉襟见肘，遇到问题只会埋怨家长不给力，没有调动家校共育的积极性。

二、家校教育存在的问题

（一）家庭教育的缺失

现今普遍存在着家庭教育缺失的现象，父母因工作繁忙，从而未能给予孩子足够的德育。同时隔代教育也存在溺爱孩子的现象，从而并不能达到良好德育的效果。另外，在部分家庭中，家长未能认清家庭教育对孩子有深远持久的影响。例如，非理智的奖惩、对孩子的期望值过高、重智轻德等等，这会直接影响孩子的长远发展。

（二）传统教育认识的偏差

对传统德育认识的偏差，也是影响学校教育和家庭教育相合作的重要因素。在教育教学中，部分教师过分注重学生的成绩，而忽视其他学科和课程的良好教育作用。目前一些学校德育的教学模式较为陈旧，缺少创新意识，而父母一味期望和奖惩制度的不合理，对孩子缺少关爱和责任。孩子的成长不仅仅是父母的责任，更关系到学校教育的指导。学校应更好地发挥学校教育的指导作用，体现出学校教育和家庭教育秉持"立德树人"的理念，培养适应国家发展需要的人才。

三、家校共育冲突背后的成因

在均衡、公平的背景下，办有质量的优质学校已成为各校的共同目标，开门办学是很多学校正在积极推动的。做好做强现代教育、提升学生综合素养不仅是学校单方面的责任，这一观念正逐渐被家长与社会认同。因此，越来越多的家长愿意参与学校工作，对教育也形成越来越多的想法。然而，家长急功近利的想法往往违背教育规律，违背学生成长发展的规律，乃至违反相关政策。在学校实际工作中，我们确实感受到愿景与现实之间存在差距。在家长开放日、家长会、个别交流中发现，不是所有家长都愿意在公开场合与学校面对面地畅所欲言。在学校和家长交流的场合，家长往往停留在对学校进行表扬和感谢的表层，学校难以了解到家长的真实想法。这种保留式的沟通阻碍了家校关系的深入发展，一旦出现误解和矛盾，很容易出现冲突性情绪，并容易在一些不正确言论的带动下，将负面情绪扩散开来。随着新媒体的高速发展，不少片面、不实的信息传播迅速，待校方知晓，早已错过第一时间的了解和沟通。这势必给家校沟通带来障碍，矛盾一触即发。

四、学校在家庭教育中的角色定位

学校在家庭教育工作中，从最初的联系家庭、告知家庭、辅导家庭教育，发展到现在的指导家庭教育，学校与家庭之间的关系和谐发展，家庭也越来越多地从这种指导中受益，家校之间的指导与被指导的关系的定位也越来越清晰。认真研究学校在家庭教育指导工作中的角色定位，深入地探讨操作策略，是学生在家校合力、关爱教育中健康成长的重要保证。

（一）服务引导者的角色

学校作为公共教育资源，服务社会、服务学生、服务家长的观念越来越被接受和广泛认可。但学校在与家长实际互动过程中，服务意识弱，而"指导"意识强。出现在家长面前的某些教师，是居高临下的训导者，是不容置疑的指责者，这也引起一些家长的反感抵触甚至质疑发难，这种尴尬被动的局面当然是不利于开展学校工作的。

学校对于家长，最重要角色不是教育者，而是服务者，即学校应了解家长的需求，重视家长的意见，提供家长需要的服务。以服务为先导，让家长在内心深处认同教师，感谢学校，建立彼此间的情感联系。同时，学校在服务基础上，对家长进行适度的引导。学校对家长进行的服务引导可分为以下三个方面：

（1）提供信息，让家长全面了解孩子的学习生活

现在的家长非常关心诸如招生考试、安全防范、教育收费、评优奖惩等整体工作方面的情况，也有的关心与孩子每日在校生活学习息息相关的内容，如每日学习、疑难解答、伙食、作息等信息。学校完全可以满足家长的这些信息需求，以告家长信、手机短信、微信微博等方式，主动加强与家长联系，及时准确全面地把信息传递给家长。当然，学校更可以利用网站、手机客户端等现代信息化手段，丰富栏目设置和内容，让其成为家长了解学校的一个窗口，成为服务家长的重要平台。

（2）组织活动，让家长走进孩子的学习生活

随着家长对学校教育参与意识的提高，不少家长已不满足于从第三方获得的信息，还想亲身体验学校教育氛围，甚至参与到学校教育实践中来。这一点，学校要与时俱进，本着为日常教育教学服务，为家庭教育服务的思想，建立开放的学校教育格局，搭设家长参与学校教育的活动平台。现在不少学校有定期的家长开放日制度，让家长进课堂、进饭堂、进会堂，全面了解孩子一天的学校生活，与教师学校有更多接触互动、与其他家长有更多交流互通。另外，学生成长的重要时刻，如青春仪式、毕业典礼、成人仪式等，包括班级的主题班会、主题教育课都可以主动邀请家长参加，在为家长提供体验机会的同时，也为学校教育注入了新的教育力量。

（3）理念引导，使家校育人形成合力

家长在教育孩子中，往往因为理念、方法等的偏差，导致教育效果有悖于家长的初衷，有的甚至是背道而驰。这时，家长往往会寻求教师的帮助，希望教师能提供有效的教育经验和方法，这也是家长对学校最为迫切的需求，从这一点来说，学校对家长进行家庭教育指导就是最大意义上的服务。学校要做好全体家长和个别家长的家庭教育指导工作，帮助家长改变教育理念、改进教育方法、调整教育行为，切实帮助家长解决在家庭教育中的难题和困惑，增强家庭教育的效果。

同时，也只有建立在服务基础上的家庭教育指导，才能具有平等性、针对性，并真正落实实效性。

（二）专业指导者的角色

目前，"家长学校"是学校开展家庭教育指导服务的主要形式，在家长学校中介绍家庭教育知识，宣传家庭教育理念，提供家庭教育方法。既然是家长的"学

校"，先不说其管理，在学习内容上应具有系统性、完整性，在时间安排上应具有及时性、针对性。但在实际操作过程中，这些都比较缺乏，家长学校要么仓促上阵、拉上就讲；要么有米才下锅，面对家长的家庭教育诉求，存在指导上缺位和错位现象，指导的实际效果不尽如人意。改变这种局面，需要建立和强化学校家庭教育指导专业性的意识，学校要加强对家庭教育的理论学习和实践探索，鼓励教师参加家庭教育指导师培训，通过科研将成果转化为可操作的实践模式，使学校真正成为家长心目中的家庭教育权威。学校的家庭教育指导专业性可从以下三方面进行尝试：

（1）分层分类指导，加强家庭教育指导的针对性

各个阶段的孩子有着不同的个性心理特征和生长规律，也就有了各个阶段不同的成长主题，家庭教育指导内容就应围绕孩子的成长主题展开。《全国家庭教育指导大纲》中，明确了各个学段的家庭教育指导内容，学校要做的，就是根据自己学校的育人要求，把学校所在学段的家庭教育指导内容进一步细化分层为各年级的教育专题，分年级对家长进行系统讲授，如初中预备年级的初中适应性教育指导、初一的青春期教育指导、初二的励志教育指导、初三的毕业生教育指导等。

另外，不同类型的家庭，比较突出的是外来务工、单亲和离异等特殊家庭群体的家庭教育指导，以及灾害背景下的家庭教育指导等，都是完全不同的状况，需要学校分门别类进行针对性指导。就这一点，学校可以打破年级的框架，在事先调查摸底、征询家长和学生意愿的基础上开展专题教育指导。

（2）全过程指导，加强家庭教育指导的连续性

学校在指导家长进行家庭教育过程中，要注重全过程具体的关心指导，指导既要有前瞻性又要有后续性的内容。前瞻性，即指导工作要超前，让家长提前了解和研究孩子下一个发展期的变化特点，提早做好教育方式方法的调整，应对孩子即将出现的情况，以防错失教育良机，或者因家庭教育方法不当而导致的教育失败，如进入初中，就要让家长事先了解青春期生理和心理特点，对孩子教育中要变堵为疏，多平等沟通、少压制强迫。后续性，即指导过程中还要有跟踪，有对家庭教育动态的把握。学生心理有其不确定性，加之家长对家庭教育理解掌握的程度高低，家庭教育结果并不一定按既定的路径顺利发展，情况随时可能发生变化，学校指导的专业性在这些方面要有预估，监测跟进，随时指导，以发挥出最好的教育效果。

（3）构建课程，加强家庭教育指导的科学性

学校在分层分类进行家庭教育指导和积累了翔实家庭教育案例的基础上，可以通过编撰家长家庭教育指导手册的方式呈现家庭教育指导的系列和个案集，同时还要积极主动进行家庭教育指导校本课程的建设，这是体现学校家庭教育指导专业性的权重指标。指导手册或课程可以成为家长学校的教材，也是提供给学校班主任教师的一份培训学习材料。课程中，除了系统专业的理论阐述，还要将一些典型的家庭教育案例作为辅佐，充实到相应的课程专题中，帮助家长理解和掌握。课程每一专题中，还要设计思考题和实践活动题，以更好激发家长的学习探究意识，加强理解掌握。

（三）协商倡导者的角色

学校是文化传承的地方，对文化要起到引领作用，这是学校的责任和担当。在家庭教育指导方面，如果做到家长配合支持学校、学生学业和行为习惯没有很大偏差固然很好，但又不能就满足于这一状况，学校在家庭教育指导方面应有更大的作为——家校齐心协力，积极促进学生健康成人成才，造就幸福人生。在这过程中，学校要充分发挥主导作用，积极倡导科学的家庭教育理念，积极促进和谐的家庭关系，并充分调动家长的主体意识，发挥其作用，让家长行动起来，切实为改变自身行为、提升自我素养作出努力，使其在家庭中能逐步形成具有开放性、学习性的家庭教育形式。

（1）多种形式，提高家长家庭教育的主动性

开展学校与家长、家长与孩子、家长与家长、家庭与家庭双方甚至是三方互动活动，积极促进家长自主学习和实践。学校在家庭教育指导过程中，尽可能让更多的家长意识到，为孩子，要学习，要改变，要和孩子共同成长，要作积极的尝试和努力。学校可以推荐家教书籍报刊，让家长撰写心得文章，提供互动平台、校报设置家长栏目，启发家长反思；也可以设计学生和家长共同参与的活动，如定期进行"我心中的好家长"评比交流活动、亲子活动、教育实践设计活动，传统的家长会上让学生和家长平等对话，都是可以带给家长震撼；还可以开展家长互动的专题交流会、研讨会，让家长感染、影响、教育家长，家长间相互启发。一系列家庭教育实践活动的开展，家长主动性、积极性和主体意识增强，必然会带动更多家长自觉行动。

（2）多方互动，建立有效家庭教育指导的长效机制

积极开展家校共建、社区共建机制的探索。现在的家委会工作机制还远没有

达到理想的状态，资源的整合、功能的发挥、形式的创新等方面应该还有很大的空间，需要学校更开放办学，更大的勇气进行更深度挖掘。随着现代化城区发展，社区与学校、家庭的关系将越来越密切，社区教育资源的丰富性、开放性是极其诱人的，学校还要努力创设学校、家庭、社区互动的平台，建设共建机制，努力促进多向互动氛围的形成。

总之，学校在家庭教育指导过程中，认清自身的角色，从基本的服务做起，不断理清工作思路，拓宽工作渠道，发挥专业指导的优势，勇于担当社会责任，为在全社会形成良好氛围不断努力。

五、家校协同德育建设的方案

家庭、学校教育既有共同的教育目标，又有无法替代的个性优势功能。尤其是家庭德育，是父母对子女进行的品德教育，是塑造人们灵魂的第一个环节。学生在接受学校教育的同时，无时无刻不受到家庭的影响。现代的德育也是一个开放的德育，需要社会的共同参与。家庭、学校的合作互动是指形成一个以学校教育为主导、家庭教育为基础的有机系统，家庭、学校互动的德育工作格局。只有学校教育、家庭教育协调一致，才能使学生和谐发展，取得事半功倍的效果。

（一）家校共联，有效沟通

教育是一个非常广泛的概念，从广义的角度来看，教育包括学校教育、家庭教育以及社会教育，只有学生广泛地接触这几方面的教育，才能形成积极的思想态度。然而很多家长都不重视学生的家庭教育，有些家长甚至错误地认为教育学生是教师的责任，当然不可否认，教育学生的确是教师不可推卸的责任，但只有学生能接触良好的家庭教育，才能对其个人成长造成积极的影响。因此，每一位德育工作者都应该加强和家长的联系，并鼓励家长重视孩子的教育问题，这样才能促进更多的家长协同教师共同教育学生，从而为德育工作的开展"添砖加瓦"。

中学生的日常生活与学习主要就是两个场地，家庭和学校，所以教师和家长是对学生成长影响最大的人。教师在学校开展德育工作一定要基于对学生的充分了解，而这就需要与学生家长建立沟通交流关系，同时在后期教育工作中与家长配合。家校共育模式中，教师与家长之间是相互相通的关系，家长也要通过教师更好地了解学生在校表现，只有双方都足够了解学生才能更有针对性地开展德育工作。比如，教师可以在每月一次的家长会上加深与学生家长的沟通，在准备充分的前提下举办一次"如何提升中学生德育效果"的主题班会，在班会过程中教师与学生家长就学生思想意识、价值观念、学习习惯等方面的问题进行交流，双方一同努力找到更适合学生的德育方式，充分发挥家校共育的力量，推动中学生德育工作顺利进行。

（二）重视家校共育工作

中学阶段学生的德育不光需要在学校开展，家长也需要参与进来，学生的成长与家庭和学校都有着密切联系，家长必须和学校结合成统一战线，坚持共同的目标，这样才能真正实现德育。在开展德育的过程中，家长必须与学校进行交流，如果家长与学校的教育理念不一样，那么就会影响德育。学校可以通过举行家长会来加强家长与学校的交流，家长可以在家长会上学习教师一些比较好的教学方法，教师也可以向家长传达学生平时存在的一些问题，让家长平时多加注意，这样家长与学校统一教育观念，可以更好地促进学生的健康发展，让德育渗透在学生的学习和生活当中，有利于学生得到更加全面的教育。只有这样，学生的思想道德水平才能够得到有效提高，形成正确的人生观、价值观以及世界观，从而实现德育的目标。

（三）完善家校合作机制

现代德育管理制度要求家长既是学校管理的监督者，又是一定程度上的参与者，家长和学校是合作者。现代学校发展过程中，最为基本的理念，也是最重要的价值理念，是要求每一位家长都能平等地参与到学校管理中来。首先，创新家长会的开展形式。改变单一的家长听取任课教师介绍的方式，尝试通过观看学生成长、学校发展的相关视频，班级学生相册，听取家长代表或教育专家教育经验等方式，使家长能够比较全面了解学生在学校的学习、生活情况，进一步更新家长们的育人观念，以达到家校联合的最大程度。其次，进一步规范家长委员会的产生和运作机制，创新家长委员会参与学校教育教学的各种方式。充分利用家长委员会，发挥家长志愿者的行业优势，积极开发社会课程资源，设立学生社区实践，参与实践活动，让家长成为教育的同盟者。充分利用家长委员会，发挥家长志愿者作为家校沟通的桥梁纽带作用，通过策划及参与系列活动，增进家校联系，让家长成为教育的参与者。

（四）提升家长的教养水平

在孩子成长发展过程中，家庭和学校发挥着重大作用，其中最基础的便是家庭教育。因此学校应该积极配合好家庭教育工作，积极向家长宣传相关的德育思想，提高家长的教育思想水平及心理素质等。只有发挥家庭教育和家长学校的特殊作用，让家庭教育和学校教育融合，让家长和学校相互合作，构建和谐的家校协同育人关系，才能实现学校和家庭教育的良性互动，共同促进学生的德育发展。

（五）创新家长会模式

家长会是教师与家长进行深层次交流的机会，是促进教师和家长探讨如何培育学生德育及成长的重要沟通平台。当前，单向模式下的家长会，其结果和教育目的都存在很多不足。因此，创新家长会的形式要立足于家长与教师之间的共同目标，以尊重、合作等为基点，创新出具有双方协同育人的家长会形式，充分发挥出家长与学校的教育作用。

（六）推动学校家委会建设

（1）由"虚"到"实"，构建家校共育培训课程

家校共育培训课程主要参与角色是教师和父母，二者相结合的教育才能达到最佳效果。首先培训父母如何做好夫妻，然后培训他们如何管理家庭资源、家庭教育是三好培训的重中之重，因此在进行家庭教育时，首先就需要考虑家庭环境氛围。因为家庭环境的影响对孩子来说是潜移默化的，家庭和睦相处，其乐融融的环境更能促进孩子健康快乐地成长，更能培育孩子的德育思想。如果没有这二者的保障，父母对子女的教育就只能是空中楼阁。其次，以培训教师与家长做好家庭和谐建设、家校和睦相处、学生健康教育为体系。最后，以培养学生做好亲子沟通、师生交流、同学和睦相处为体系。

（2）激活家长热情，搭建平台让家长"变身"

设置固定的家长督学日，所有督学成员在家长督学主任的带领下深入学校管理、教育活动、教学课堂、生活领域等各个方面，按照提前商议的督导方案进行全方位的督导评估，并就督导过程中发现的问题和提炼的经验在当天以书面形式提交学校，学校在第二天向家长督学提出整改意见，家长督学再监督，督促学校整改过程，并验收整改结果。家长督学主要按照"三请、三定、三有、三平台"的机制运行。"三请"，即请热心人、请好顾问、请活雷锋成为家长督学；"三定"，即定制度、定时间、定督导内容和方式；"三有"，即通过家长督学机制，在学校建立家长智囊团、家长志愿者、家长委员会三支队伍，家委会主任被聘为校长助理；"三平台"，即建立家长学习平台、家长课程平台和家长科研平台。

（七）建立家校互动网络平台

在如今大数据时代，信息技术的发展为家校互动提供了良好的机会。据相关数据显示，绝大多数父母在互联网上学习教育的相关知识和方法，因此，在网络数据时代的背景下，学校更应该扩宽网络上的家庭教育渠道，不应该局限于家长会等线下教育方式，更应充分发挥网络教育的便捷方式。学校可建立相关的微信家长沟通群等交流方式，进一步让家庭教育更方便、更及时、更紧密地为学生健康发展服务，让家长、学生、学校之间能够共同交流、相互学习，充分发挥家校合作的作用，一起努力，共同发展。

（八）探索新形式，突破原隔阂

兰根布伦纳和索思伯格"把参与学校教育过程中的家长角色分成三类，即作为支持者和学习者，作为学校活动自愿参与者及作为学校教育决策参与者"。在办学过程中，学校一直在思考，如何把家长的力量有机有效地融入学校的教育与管理中，不仅要解决典型问题，更要提升学校教育的品质。为了畅通家校双方迫切需求的无阻碍沟通途径，实现多元化育人模式，学校可以推行家委会协同学校办学管理的工作机制，不断探索实施路径。

"家长沙龙"旨在充分发挥家委会在学校和家长之间的桥梁作用，让家长畅所欲言，分享经验，沟通思想，共谋家校携手发展之路，增进家长和孩子之间的理解与爱。该沙龙由学校牵头并提供场地等硬件条件，由校家委会推进，参会人员全部由家长组成。会后，由校家委会梳理会议中产生的各项问题和建议，并由校家委会代表在学校每月的校长办公例会上与学校各部门探讨沟通，从而做到及时落实或反馈各项问题。学校以"家长沙龙"为实施载体，有效推进家长参与"食堂工程"、家庭教育等工作。

家长对教育有自己的思考和期待，但也有诸多问题和困惑。例如，随着教育改革的不断深入，家长普遍对教育新政不了解，因此产生焦虑；家长的家庭教育经验不足，在亲子沟通中存在困扰；也有家长面对扑面而来的外界教育的干扰和影响，在"鸡血"与"快乐"教育中无所适从……通过家长沙龙，开展以"家校共建，携手共育"为主题的系列活动，家长在沙龙活动中探讨共同关心的教育问题，如"新中考政策家校探讨""家校合作"等。家长参与度很高，各自分享经验，也提出和交流了大家普遍困惑的问题。家长集思广益、畅所欲言，提出建议，家长积极配合行动，家校合作，共同推进工作的改进和完成。

（九）架构良好的家校共育模式

良好的家庭教育是孩子健康成长的重要推动力。因此，以学校为主导，整合各种力量提升家庭教育质量尤为重要。通过多种途径与家长形成家校共育力量，在互动、融合、创新、实践中提升教师和家长的协同育人能力，发挥家校共育的最大效能。

（1）对接学校愿景，将家庭教育纳入发展规划

学校应发挥积极作用，提高家长家庭教育的意识和方法。学校发展规划中要凸显家庭教育的重要性，明确保障家长对学校办学活动和管理行为的知情权、参与权和监督权；明确实施家校合作的目标、任务和具体措施；建立以家长代表为主的学校教育督导家委会，进一步完善家校共育的教育体系。

（2）科学全面统筹，使家庭教育形成工作机制

健全学校家庭教育工作组织架构，形成一支具有较高家庭教育指导能力的稳定的教师核心团队，为有效开展家校共育提供师资保证。学校携手具有先进家庭教育理念的家长及社会人士，为开展家庭教育工作指导助力。

（3）聚焦师资力量，提升家庭教育品质发展

要重视推广教师的全员德育意识，扩大家庭教育指导范围。班主任是家庭教育指导的核心力量，通过学习先进教育理念、开展定期培训等，班主任要更新教育理念，掌握新时期的育人方法，了解家长，了解家庭，了解学生个性，有效地指导家长因材施教，运用合适的教育技巧帮助孩子成长。

（4）开展多元指导，形成教育合力

成立"家长学校"，为良好的家校协力共育做准备。"家长学校"主要通过班主任指导、心理专业人士心理分析辅导、专家主题讲座等途径展开。针对家长中存在的教育问题与需求，开展各种形式的教育指导活动，促进家庭教育观念更新，引导家长更好地与学校教育形成合力，帮助家长掌握科学的家庭教育知识和方法，为孩子的成长营造一个适宜的家庭教育环境。

班主任指导。注重班主任培训，使其成为家长学校的骨干力量。班主任不妨结合本班学生的家庭情况、心理发展需求，分年级设计家庭教育活动和内容。在中学阶段，青春期问题、学习习惯引导、亲子沟通方式等都是让家长深感烦恼的问题，也是常规的教育内容。作为对学生家庭情况最了解的班主任，可以通过家访、全体或个别学生家长会、家长专题课堂、家长接待等不同形式，针对本班学生出现的学习、行为、心理问题，开展有针对性的家庭教育指导工作。

心理辅导。注重借助校内心理教师团队、校外各领域心理专业人士的力量，共同为家长学校注入知识与技能。给有需要的家庭实施一对一的家庭教育心理辅导。对有行为偏差或心理偏差等问题的孩子，心理教师可以给家长合理的指导与服务；对有特殊需求的家庭，心理教师可以借助专家力量，进行有针对性的团体辅导，并做好相关档案；心理教师还可以发挥自己的专业优势，开展各种心理工作坊活动，通过线上和线下两种形式，与家长共同探索教育工作，帮助孩子健康成长。

专家讲座。注重借用专家的经验智慧，为家长学校注入营养，更好地提供家庭教育指导工作。针对不同年龄段家长的需求及各种热点和难点问题，举办专题培训或讲座，形成系列化的主题教育，助推家长更科学地实施家庭教育。

（5）家校紧密互动，家长主动参与管理

家长进校园活动。家庭教育的有效开展离不开家长的主动投入与参与。学校可策划组织丰富多彩的校园活动，如校园开放日、学生职业体验、延爱家长课堂、家长会、家委会等活动；也可以依托重大纪念日、民族传统节日等活动平台，让家长有机会走进校园，了解学校，体验课程，增进亲子沟通和交流，为家庭教育的开展创造良好的氛围。

家长志愿者活动。家长志愿者活动是以校家委会成员为主体，主动承担督学责任。比如，组建家长护校志愿者团队，挂牌进校园，了解孩子日常学习生活，观察校园环境是否有安全隐患，督查学校食堂卫生，去校服厂参观并议价等，都由家长亲自参与决定。有家委会参与工作，能使孩子更感觉到学习生活的温暖、和谐与安全。家委会的参与提升了家长主动担任教育的责任意识，也增进了家校之间的沟通与信任，促使家校形成更好的教育合力。

走进家庭行动。学校在鼓励家长走进校园的同时，也应注重教师走入学生家庭。学校要建立完善的家访制度，班主任与科任教师走进学生家庭，了解学生家庭生活状况，认真与家长进行有效沟通，建立互信关系，及时提供有针对性的指导。对一些出现严重行为偏差或心理偏差的学生，教师要及时做好家访工作，尽快全面了解情况，携手家长用更科学的方法引导学生回归正常学习生活。只有全方位地了解学生，才能更好地发现问题，有的放矢地采取有针对性的措施，让我们的工作更有成效。

借助新媒体平台。信息化时代下学校可以充分运用现代信息技术功能，建立家校互动、信息沟通服务平台。各班建立家长微信群，及时进行家校互动；学校开设微信公众号，定期推出家庭教育指导相关内容并及时更新，帮助家长开阔眼界,不断提高家庭教育的技能。借助新媒体即时沟通的功能,极大地发挥家校共育的作用。

发挥班级日志作用。班级日志是学生所在班级每日与家长互动的桥梁。家长从阅读日志到参与书写"家长心语"的过程,他们不仅是教育的学习者、观察者,更是孩子教育的参与者。其一,家长是家庭教育的学习者,班级日志的推广与运用,在初期一定存在困难和挑战。例如,家长的配合度、投入程度、责任心、自身的专业能力,不仅影响班级日志的质量,更影响家庭教育的实效。在克服挑战的过程中,家长在班主任的引导、其他家长榜样力量的带领下,成为越来越善于思考、善于学习、善于引导的家长,真正为孩子综合素质发展注入更多的教育力量。其二,家长是学校教育的观察者,通过阅读班级日志,了解同龄孩子的特征和成长问题,为逐步营造亲密和谐的亲子关系奠定基础。其三,家长更是教育的参与者。与孩子面对面实施家庭教育不同,在班级日志中家长以文字形式表达对班级事务的看法、见解及期望。班级日志中的"每周话题"多种多样,有"校园生活""身边故事"等不同栏目,家长根据自身的职业特点、人生经历与感悟配合主题发出声音,预设问题,并结合教师在校内的教育,进一步在家庭中进行后续有效地疏导和强化,有着非常重要的教育效果。

家长诉求渠道畅通。学校应重视家长的意见和建议,为家长提出诉求开通多种渠道。比如,通过家长开放日活动反馈单、家长志愿者手册、家长会、校家委会微信群、班级家长微信群、班级日志、校长信箱等,学校针对家长合理的意见,进行及时的反馈和整改。要全面培养学生的核心素养,需要家庭与学校共同努力。只有家校协同育人,才能实现优势互补,形成强大的家校共育合力。通过携手家庭教育的力量促进学校和家庭共同作为,为学生的长远发展不懈努力。

总而言之,家庭教育在孩子健康成长的道路上发挥着至关重要的作用,这就需要引起学校和家庭的高度重视,只有家庭与学校相互协调,交流合作,发挥好各自的功能,才能充分提高学生的德育思想水平。

第二节 大数据与德育建设

大数据时代,我国中学德育工作要落实立德树人根本任务,根据大数据时代的特点,依据学生思想和信息来源的变化,直面德育建设的机遇和挑战,革新教育观念,优化教育方法,扩充教育内容,推动中学德育建设。

一、大数据内涵及特征

（一）大数据的内涵

对于大数据的内涵，麦肯锡全球研究所的《大数据：创新、竞争和生产力的下一个前沿》报告中给出了大数据的定义。"大数据"是指大小超出了传统数据库软件工具的抓取、存储、管理和分析能力的数据群。不断增多的数据量需要不断更新的分析和存储工具，故大数据通常与Hadoop、数据分析与挖掘、数据仓库、商业智能以及开源计算机架构等诸多热点话题联系在一起。简单来说，大数据由海量的交易数据、海量的交互数据以及海量的数据处理这三项技术汇聚而成。其中，海量的交易数据是指不断增长的半结构化数据和非结构化数据信息；海量的交互数据是由网络社交平台贡献而来，如Facebook、Twitter等；海量的数据处理指用于数据密集型处理的架构，如Hadoop就是一种以可靠、高效、可伸缩的方式进行分布式处理的软件构架。当前大数据的价值主要体现在"分析使用"和"二次开发"两个方面。

（二）大数据的特征

IBM将大数据归纳为三个标准，即"3V"：类型（Variety）、数量（Volume）和速度（Velocity）。其中，类型（Variety）指数据中有结构化、半结构化和非结构化等多种数据形式；数量（Volume）指生成和收集的数据容量和规模庞大；速度（Velocity）指数据产生速度快或数据采集和分析等处理速度足够快，业界将大数据的特征概括为"4V"，即数量（Volume）、速度（Velocity）、多样性（Variety）和价值密度（Value）。随着大数据的进一步发展和应用，IBM又提出了大数据的五个特征，即"5V"：数量（Volume）、类型（Variety）、速度（Velocity）、多样性（Variety）和真实性（Veracity）。尽管目前关于大数据的概念存在不同的认识，但对大数据基本特征的理解已形成了较为普遍的认知，即数据量大、数据处理实时性要求高、数据类型多样、数据价值密度低及数据的准确性和可信赖度五个基本特征。

二、教育大数据发展现状分析

教育大数据，是指整个教育活动过程中所产生的以及根据教育教学过程采集到的，一切用于教育发展并可创造巨大潜在价值的数据集合。教育大数据之大，并非指囊括一切数据的数量大，而是能服务教育发展的价值之大。教育大数据还包括学生个体的小数据，教育大数据来源于教学活动和教育管理。一线教育教学工作者在教育教学活动中，通过网络平台开展教育教学活动，从而采集学生上课出勤率、时间节点、听课状态、互动效果、作业情况、试卷批改、成绩分析、得分点与失分点总结等教育大数据。抖音、"钉钉"、QQ、微信等网络平台成为一线教师上课、开会交流的另一途径。出现了"一师一优课""网络云课堂""学习微课堂"等优秀的网络教学课程资。学生在家利用手中的智能终端就可以免费聆听全国名师课堂，这不仅提高了学生学习内容的质量，而且节省教师的教育教学管理时间，教育大数据点燃教育改革导火索。大数据已经成为互联网信息技术行业的流行词汇，教育已经被认为是大数据可以大有作为的一个重要应用领域，有人大胆预测大数据将给教育领域带来前所未有革命性的影响。

当代学生生活在一个电子科技飞速发展的时代，他们接触信息的方法和渠道呈现多样化趋势，信息来源途径也非常广泛，他们的视野开阔，知识面广。现代中学生对新知识的接受能力和理解能力都比较强，其学习和生活容易受到网络大潮的冲击，传统的班级德育工作在管理方法和管理手段上已经远远不能满足学生发展的需要。这时需要班主任正确认识自己在班级管理中的地位，利用信息技术拓宽班级建设领域，结合互联网和大数据的特点，因势利导，用高效的和充满人性化的管理手段来处理班级中出现的问题，开展具有信息时代特色的班级工作，提升班级管理水平与管理层次，从而更好地为师生、家长、学校服务。

在学校教育教学中，大数据已经成为教学改革和学生管理最为显著的方向标，中学教师尤其是班主任更应该与时俱进，结合网络时代的新特点，利用互联网和大数据加强对学生的精准管理。借助大数据，记录师生信息。新的教学手段如翻转课堂、微课、慕课为师生互动提供了平台，层出不穷的数据采集技术能帮助班主任更便捷地进行教育数据采集，师生互动或生生互动过程中产生的数据被详细真实记录。在学校教育教学中，教育大数据既能记录考试成绩，也能记录日常生活中的出勤率、早退次数、请假次数以及扣分情况等。教育大数据可以对学生的整体情况进行系统专业的分析，包括学生成绩变化、试卷题型得分、课堂学习环节、学生行为习惯、学生未来预测等多方面多维度进行分析。这些具体的数字经过专门的收集、分类、整理、统计、分析就成为教育大数据。班主任借助教育大数据，实时的关注每个学生的个性轨迹和微观表现情况，并对学生的情况做出及时地反馈，使班主任管理工作具有针对性和有效性的特点。这些教育大数据将学校教育和家庭教育有效结合在一起，形成教育合力。

三、大数据对中学德育工作的影响

（一）教育对象思想动态具象化

教育对象的思想动态通常以定性化描述和抽象化概括呈现，而大数据技术可使其定量化、数据化甚至可视化。传统问卷调查会根据抽样样本，用单一的结论覆盖所有个体，因此不够客观。利用大数据，教育管理者可以通过组织和运用掌握的所有数据，对中学生的德育情况进行全面分析，准确判断中学生的思想动态与行为特点。传统调查方式是在学生有所准备的状况下进行的，无法真实反映学生的真实想法和情感状态。而大数据分析是在学生没有准备的状态下进行信息采集的，因而能够获得更真实的数据，更能反映中学生的行为趋势和思想动态，有利于教育管理者掌握其真实的生活状态，获取更有说服力的信息，得到更加真实客观的研究结论。

（二）中学生接收内容碎片化

当前中学生德育面临新的外部环境，信息浪潮和技术革命带来的场域变化极具颠覆性和彻底性。中学生德育处于前所未有的海量信息生成、复杂传播链接和多元思潮环绕中，各种观点、意见、文字、音频、视频等，以无序、琐碎的方式在媒体场、舆论场、社会场发酵和传播，中学生处于各类信息的侵蚀中，其自身也在不断地制造着碎片化、无序化和随意性的信息思潮。教育需要数据的支持，但庞大的信息体量本身具有弥散性和低价值性，无法直接汇聚成所要探究的指标，不能形成德育工作的可用信息库。因此，利用大数据，学校德育工作应提升对信息的辨别和筛选能力，真实看待探究对象之外的信息全貌。中学生个性特征明显，学校德育工作者要培育大数据思维，善用大数据技术对中学生的个性特点进行深层次探究，争取在繁杂的数据体量中找到开展个性化德育教学的方法。

（三）作用介质多元化

大数据使得中学生德育的作用介质变得多样化，体现在：产生思想、观念碰撞的来源多样化，包括不同的群体、个体、民族、阶层；传播介质多样化，包括电视、网络、自媒体、软件工具等；信息介质多样化，包括文字、动画、图片、音视频、综合信息体等。大数据时代的中学生德育必须用数据说话，德育的对象、内容、研究领域要依托信息介质，进行外显化的技术处理和提炼，从而转化成容易分析的数字化形式。可以从以下几个维度进行：

（1）文字信息的解读处理

可以根据中学生在网络平台上发表的言论和搜索记录等，展开文本化探究，以分析中学生的行为走向、思想动态。

（2）方位信息的提炼

对中学生经常去的场所进行定位分析，如宿舍、教室、图书馆等，以预测中学生的方位流动走向。

（3）社交平台的综合数据分析

微信、微博、抖音等社交平台是当代中学生学习和生活不可缺少的工具，分析中学生在这些平台上留下的数据痕迹，能够了解学生的真实想法，判断学生的行为轨迹，及时发现思维波动异常的群体，从而有针对性地进行德育。

（四）精神诉求个性化

从前，社会信息的流动性不强，不同思想观念碰撞的频率不高，社会主流思潮主导并影响着人们的思想观念和行为方式。随着信息技术的发展和个体利益诉求的多元化，各种思潮充斥在社会中，极大地冲击和影响着人们的传统观念和行为方式。在物质需求得到基本满足后，个体的精神需求、心理需求和价值需求开始成为主要需求。在自媒体多样化、载体多元化、传播全息化、信息巨量化的大数据时代，线上线下的意识场反映了多样化的社会生活，使群体和个体竞相追逐效仿，人们的思想认识、精神追求呈现更加个性化的状态。大数据使得中学生的思想、精神诉求和利益诉求都更加个性化和开放化，中学生更加踊跃地表达自己的各种观点和诉求，勇敢追求自己想要的生活，这对德育者和管理者提出了现实挑战。

（五）促进班主任工作的专业成长

中学教育阶段的班主任日常管理工作繁杂，如建立学生档案、建设班委会和团队、制定班级公约、维护班级文化、组织班级活动、完善情绪管理、培养良好学习生活习惯、进行个性化的素质测评、做好安全防护工作等，同时配合学校德育处，与学科教师及学生家长保持有效沟通。基于教育大数据班级管理，可以帮助班主任显著提高工作效率，促进班主任工作的专业化，助力每一个学生的个性成长，提升班主任工作的幸福指数，提升学校德育管理水平。以校为单位，注重班主任在线教学能力培训，根据学校实际情况和班主任工作特点开展有针对性的培训；注重班主任信息化思维养成，引导班主任利用信息化手段变革传统班会课堂和教育方式；将班主任网上指导、师生互动、作业完成情况、班级管理中的出勤率、早退次数、请假次数以及扣分情况等信息技术应用能力作为培训重点，让班主任熟练使用教育资源智能检索工具、跨越时空教学的可视化展示工具和信息化环境下教学评价工具。通过不断的学习和培训，从而提升学校德育管理水平。

（六）拓宽了中学德育的途径

大数据有效拓宽了中学德育的途径。众所周知，传统的中学德育以灌输式的教学模式为主，几乎等同于教师苦口婆心的说教。德育途径非常单一而且形式枯燥，学生的参与积极性普遍不高，甚至从内心深处有所抵触，德育的效果自然很不理想。而利用大数据，不仅为多媒体教学设备与中学德育的有机结合创造了条件，而且为师生之间的深入沟通和交流提供了便捷的平台。也就是说，中学德育工作可以借助多媒体教学设备的应用得到改善，通过视频音频图片等的播放来开展中学德育工作往往更加生动，也更加高效。与此同时，充分利用互联网平台，加强师生之间的沟通和交流，并将中学德育工作渗透到日常的师生沟通交流中，也是中学德育的重要途径之一。此外，中学德育的内容也借助大数据手段得到了空前的丰富。大数据的应用不仅为中学德育课程提供了大量的德育案例和德育素材，还使得德育知识更加丰富，更加完善。

（七）实现学生德育评价客观化

传统的德育评价以学生的考试成绩和学习生活表现作为学生道德水平评价标准，这并不能准确评价学生的道德动机和道德水平。随着大数据时代的到来，教育评价正在从"经验主义"走向"数据主义"，从"宏观群体"评价走向"微观个体"评价，从"单一评价"走向"综合评价"。通过对教育大数据进行有效分析，有助于帮助班主任客观地掌握学生和班集体的思想情感和行为活动等情况，进而为学校德育评价提供客观依据。教育大数据还可以实现德育工作的可视化，学生学习生活过程都被记录下来，实现德育工作双向评价。

（八）带来一定的消极影响

一是大数据环境导致中学德育的背景更加复杂，中学教师需要面对更加复杂的德育背景，需要解决的德育问题也会更多。因为大数据环境也为学生获取信息提供了便捷的条件，这些铺天盖地的信息必然会对学生的思想和行为产生一定的影响，进而可能会对学生的三观造成误导，这也是中学德育教师需要面对和解决的问题。二是大数据所带来的多元化的价值观，必然也会对学生形成不同程度的影响。在这种背景之下，学生的思想行为乃至价值观也会更加多元，中学德育工作的难度和强度因此大大提升，这就对中学德育教师提出了更高的要求。

四、大数据环境下中学德育建设的意义

（一）突破信息壁垒，优化教管模式

在大数据环境下，网络技术的迅速发展使信息的接收、传播和区域性隔阂的壁垒被打破，学生利用互联网能接触到来源更广泛、内容更丰富的信息。大数据环境下网络的开放性，可以使学生在网络中自由表达观点，通过不同网络观点的碰撞完成信息共享的过程，不同地区、国家、民族的人都可以共同参与到同一个话题的讨论中。因此，中学德育的教育者和管理者可以利用大数据技术打破传统思维的藩篱和信息孤岛，构建大数据融合路径，促进各部门各层级信息系统互联互通，提高中学生德育精准感知、精准管控、精细服务、协同施教的能力，推动德育建设进程。

（二）增进信息交互，促进课堂提质

信息传播的便捷和网络云技术的成熟，使教育信息的开放程度大大提高，新媒体、大数据技术被更多学生掌握和使用，颠覆了传统的纸质教材知识传授的模式，翻转课堂、慕课成为新型教学形态，不仅使学生可以突破时空限制进行泛在学习，而且可以随时随地进行提问、时事热点分享、师生信息交流等活动。开放包容的大数据环境构筑了全时全息的课堂交互模式，为德育工作中注入了新鲜的血液和活力，使德育教学的氛围更加活泼。然而，数据流的扩大也会导致信息的碎片化，使真正有价值的信息被掩埋在茫茫的数据海洋中，这对教学工作者和学生的信息分辨能力都提出了更高的要求。

（三）善用信息技术，促进方法变革

当前，中学生德育与网络信息技术深度融合、转型发展的趋势越发明显。德育工作者要提高自身信息素养，利用大数据技术在信息收集、数据挖掘、轨迹呈现、精准识别、有效利用等方面的独特优势，促进工作方式和教育方法的创新变革。当代中学生习惯于以文字、视频、音频等方式表达个性化的思想和意见，利

用计算机进行人工智能运算，教育者可以精准识别中学生在学习、消费、阅读、思想、习惯、偏好等方面的个性化需求，从而为中学生的学业成长和思想进步提供有针对性的方法与建议，帮助他们克服消极的行为习惯，培养中学生健全的人格，助力德育工作目标的实现。

五、大数据环境下中学德育建设面临的难点

（一）网络信息的冲击

网络信息对中学生的冲击将是不可避免的，那么如何有效利用这样的渠道辅助学生学习就是我们应当突破的。大数据可以作为学习、拓展爱好特长等工具来应用，教育教学中也应当应用大数据手段，创新拓展每一位学生的认识广度。在推进德育工作过程中，学校与教育者应争取做到净化网络，不让不良信息、广告等等进入学生系统，从根本上解决不良网页对学生的影响。与此同时，学校中也存在一部分学生沉迷虚拟世界，难以从互联网娱乐中抽出身来，而针对这一部分教育对象推进德育工作是我们需要面对的难题。

（二）传统管理模式滞后

教师综合能力与素质也是限制德育工作创新的关键，许多中学教师并没有丰富的网络文化与网络资源，因而他们投入工作时也并不能融合现代化技术展开教学与管理，而导致传统管理模式已经不适用于当前大数据环境下的中学教育。推进德育工作时也并不能与学生感同身受，从而无法站在学生的角度理解与思考问题，最终达不到德育工作要求。德育工作的展开应当是相互包容、相互促进的，学生能够始终在思维与行动上统一，在学习我国优良传统美德、党史文化、先进思想等过程中有所感悟，在学习与生活中践行德育思想。所以，旧的管理模式应当不再适用于当前语境下的中学生教育，我们应当以更加理性、客观的眼光看待现实问题，革新管理模式、创新管理办法。

（三）德育工作形式发展

传统教育观念影响下的"讲解式"教育难以套用到德育中，很多教师难以创新德育活动，使得中学生在德育认识与感受过程中感到枯燥与无聊，进而难以做到知行合一。所以，创新德育实践活动是解决关键问题的所在，只有融合理论与实践的德育工作形式才能够丰富德育内容，让更多学生受到感染与鼓舞。目前，

存在一些学校在德育理念方面有所滞后，并且难以站在理性与客观的角度感受中学生认识与思考的情况，教师的讲解与主导更是压制了学生的自主学习积极性。德育形式对学生的影响至关重要，如何创新德育工作形式也是我们需要面对的难题，下一步工作计划中应针对以上问题提出解决方案。

六、利用大数据进行中学德育建设的策略

（一）利用大数据打造德育平台

随着大数据技术的普及，学生生活与学习的方式都发生了重大变化。为了更好地开展中学生德育工作，增强教育实效性，学校要合理利用网络新媒体、数字信息平台等的优势，利用大数据技术加快打造中学生德育平台。

首先，教育工作者要做好德育平台建设的宣传工作，如开设德育官方微博与论坛，进行德育工作内容普及、主流思想传播，让师生了解和接受先进的新媒体德育理念。

其次，鼓励学生利用大数据平台表达自身想法和诉求。教育管理者要积极采取措施，让德育平台融入日常的德育和管理，帮助中学生解决思想困惑和实际困难。

再次，互联网的便捷性和网络数据信息的即时性特征，使学生能够快速接受最新的教育信息，这对于中学生德育的开展有极大帮助。学校教育管理者要支持并引导中学生参与校园信息建设，在区域范围内鼓励学生为校园的信息化发展出谋划策。建设德育平台要突出校园文化特色，与当代中学生的实际需求相匹配，使德育网络平台建设形成合力。在平台内容的选择方面，可以根据学生的兴趣爱好和专业特色，定期发布学生感兴趣的美文，也可以由德育教师组织开展与德育相关的交流活动，丰富学生的校园文化生活，全面提高学生的德育参与度。

最后，德育平台要具备评价功能，以有效调动学生参与德育工作的积极性，营造健康向上的校园文化氛围和德育氛围。

（二）利用大数据进行不良行为的预防和矫正

在大数据环境下开展德育教学，要秉持预防大于治理的理念，对问题行为和思想要做到早发现、早矫正。学校教育管理者要利用大数据分析中学生的思想动态，预判中学生的思想和行为发展。传统德育以被动处置为主，无法提前、精准

地预测教育对象的思想和行为，也就无法及时发现并纠正中学生的思想偏差，从而不能高效矫正潜伏在中学生内心中的错误思想。利用大数据手段，通过分析学生的日常行为和学习偏好，大数据平台可以自动为学生推荐符合其发展规划的学习资源。因此，德育工作者应在先进德育理念的引导下，提高大数据信息工作能力，全方位提升自身信息素养，只有这样才能增强德育工作的实效性，助力人才培养。教育管理者要利用大数据平台采集学生在校日常生活、学习、社交、爱好等多方面的动态数据并加以全面的分析，掌握不同信息之间的关系，从而精准了解和预测中学生的思想动态和心理活动，全面增强德育工作的前瞻性、准确性。

（三）利用大数据优化教学方法

德育要想取得良好的效果，离不开教师对德育课程的精心打磨和先进教学方式的有效利用。在大数据环境下，教师可以利用各种先进的信息技术优化教学方式和手段，提高课堂教学实效，让学生高效进入学习状态。首先，教学工作者可以利用多媒体教学资源开展德育教学。多媒体教学不只是让学生观看课件，还要充分调动视频、音频、图画、仿真实验设备等多种载体和资源，为教学提供素材和场景，让教学内容更加生动形象，以提升德育教学的课堂感召力。其次，教师可以利用翻转课堂、慕课、直播教学等多种方式，拓宽线上教学渠道。当前，大数据技术在德育教学中已经得到了广泛运用，以微课为代表的教学方式已成为线上教学的主要渠道。在线上教学中，教师可以把教学内容精简成微视频，然后将其上传至QQ群或校园网站等平台，学生可自由下载，便于保存和回看，利用碎片化时间进行泛在学习，这有助于提升线下课堂的学习效果。最后，教师可以利用德育平台组织考试和在线评价，加强对学生的正确引导，促进学业及时反馈和教学效果的提升。

（四）利用大数据科学引导学生

中学教师应该对学生的网络使用情况通过大数据进行深入了解，并根据实际情况对学生进行科学引导。帮助学生学会在良莠不齐的网络信息中获取有用的知识，并自觉抵制网络垃圾的诱惑。与此同时，中学德育教师有必要积极引导学生文明上网。制定明确的网络道德规范，借此规范学生的网络言行，共同为净化网络环境而贡献自己的力量，将中学德育工作切实扩展到网络平台之上，在充分利用大数据为中学德育带来的机遇的同时，积极迎接挑战。此外，中学教师也可以引导学生开发校园网站，在加强师生互动和交流的同时，打造更加广阔而优质的网络德育平台，进一步拓宽中学德育的途径。

（五）提升教师大数据素养

坚持把创新作为引领发展的第一动力，创新是提升中学德育建设成效的现实要求。光有内容，形式不吸引人，无法获得中学生的注意力和关注点；形式夸张，噱头繁多，但内容空洞，也无法达到理想的育人目标。德育教师担负着育人培根铸魂的重要使命，这需要一线教师主动转变思想，避免单一性的"线性阐释"，及时"刷新"教育理念，既要基于自身专业理论素养情况不断加强理论学习，更新、丰富教育知识内容，同时，又要根据时代发展要求，系统了解，学习大数据知识内容，熟练掌握数据传播规律和使用技巧并自觉将其作为教学工具，从而提升教学过程的科技化、信息化。充分发挥教师的主观能动性，促进大数据技术与德育工作有效融合。将德育内容结合大数据传播规律和其强大功能优势，重新编排和重塑，精心编制有思想高度、理论深度和实践温度的大数据传播渠道教学内容，切实发挥大数据德育渠道创新的实效。德育教师作为育人主体，还应重点关注时政新闻、网络时事热点等重要事件，通过德育平台及时向学生推送并正确解读、及时和学生一起探讨，准确把握学生的思想动态，在相互学习交流中达到"启智润心"的效果，从而在实际教学工作中，能够精准制定教学内容和教育方式，切实发挥大数据教学的独特优势，实现教与学的有机"化学反应"，推动中学德育建设。

综上所述，大数据环境下的中学生德育要加快教学内容创新和技术转型，利用大数据技术打造德育平台，进行学生不良行为的预防和矫正，优化教学方法，让大数据信息技术的优势在德育中得到彰显。

第三节 班主任与德育建设

中学阶段的德育建设工作至关重要，由于学生的成长会受多种因素的综合影响，且存在较大的个体差异，这就给中学班主任的德育工作带来了巨大的挑战。班主任在学校教育和管理中的重要性是毋庸置疑的。班级是中学最基本的行政单位，班级建设成功，学校的各项工作就能成功。只要有一个班级没有走上正轨，就会牵扯学校的精力，干扰秩序的正常运行，影响学校的教育教学。优秀的班主任，在营造良好班风学风，协调科任教师，凝聚家长资源等各个方面起到牵一发而动全身的作用。因此，在学校管理和德育建设过程中，一定要配置富有责任心、具有良好育德能力的班主任；在学校发展中，一定要做好班主任的专业发展和培训。这是一个学校发展的重要命题。从这个意义上说，学校班主任第一。在班级管理过程中，班主任需要深入研究教育管理专业知识，全面了解学生的身心发展特点，利用先进的教学理念和教学方法展开有效的德育工作，为学生的健康成长提供更好的条件。

广大中学班主任应充分意识到德育工作的重要性，在日常班级管理中逐步渗透德育内容，积极开展德育工作，引导学生健康发展，助其养成高尚的品德。另一方面，班主任教师应从中学生的年龄特点和性格喜好入手，随时关注班级德育现状，不断总结问题、解决问题，为学生的身心健康成长做好铺垫。在新形势下，班主任应当结合新时期的德育工作要求开展相关管理工作，探索积极有效的德育措施，促进学生身心健康发展，提高班级管理和班级德育的实效性。本节围绕中学班主任德育分析及对策展开论述，分析当前班主任教学管理工作存在的主要问题，从实践的层面提出有效的改进策略，以期促进中学班级管理教学工作的创新与改革，实现良好的德育成效，促进学生身心健康发展。

一、班主任工作

班主任在德育中发挥着至关重要的作用，是德育的一个重要且特殊的途径，中学的班主任要清楚地认识到自己肩上的职责，始终认真参与到德育中。具体来说，班主任在开展德育时，要巧妙应用好赏识教育这一方法，在班级管理中给予学生更多的鼓励和帮助，让学生可以感受到来自班主任的关心与爱护。另外，在日常的教育教学过程中，班主任要认真观察每位学生，掌握他们的思想动态，对于存在心理问题的学生要及时去单独沟通，在了解到他们的实际情况后采取针对性的心理健康教育，切实帮助学生转变思想和行为，获得更好的发展。除此之外，班主任要始终注重班级氛围的营造，为学生营造一个充满友爱、快乐的班级氛围，以此让他们可以快乐地参与到学习中。

（一）班主任工作意义

班主任工作很重要，这在教育部颁发的《班主任工作规定》等有关教育类法律、法规中都有明确的规定。班主任是中学的重要岗位，从事班主任工作是中学教师的重要职责。加强班主任队伍建设，是加强和改进未成年学生德育的重要保证，是把德育各项任务落到实处的重要保证，对深化素质教育，推进课程改革，提高教育教学质量，都具有十分重要的意义。

（二）班主任队伍的建设

加强班主任队伍建设，推动广大班主任爱岗敬业、无私奉献，为人师表、教书育人，为学校的全面发展作出了积极的贡献。

1. 班主任培训

班主任专业成长主要包括以下5个方面：专业知识（班主任的管理理念）、专业道德（班主任的师德修养）、专业技能（班主任的基本能力）、专业素养（班主任的教育智慧）、专业意识（班主任的教育意识）。班主任培训工作主要包括班主任工作基本理论培训及常规班级管理工作培训和班主任心理辅导能力培训。

（1）培训内容

根据班主任实际现状和岗位要求，针对现实问题设计与安排培训内容。主要有以下5个方面：

①班主任人格完善团体辅导；
②班主任情绪调节团体辅导；
③班主任压力管理团体辅导；
④班主任人际沟通团体辅导；
⑤班主任职业生涯规划团体辅导。

（2）培训方式

班主任培训以促进班主任成长为宗旨，以专家引领、互动研讨、尝试体验、实践操作和反思内化为主要形式。

①专家讲授与互动研讨相结合

聘请专家做专题讲座，学员围绕每个专题下划分的具体题目展开研讨，并与专家对话交流。

②理论讲座与实践操作相结合

在理论讲座指导下，调动学员对以往的实际案例进行剖析与探讨，从而印证理论，增加解决实践问题的能力。

③自我研修与考察交流相结合

学员有目的进行以反思为主的探究性自学，组织其参观有特色的学校，开阔学员视野，找出不足与差距，促进相互学习与提升。

2. 课题研究和主题研讨

（1）课题引领，推动生命教育师资队伍建设

课题《青春期教育与生命教育有机整合研究》结合学校责任教育的指导思想，确立以"学会负责，身心和谐"作为课题总目标，形成具有学校特色的青春期教育与生命教育有机整合的教育模式。

整个课题研究所需突破的难点是新形势下中学生青春期的生理和心理需求与教师教育观念、教育内容和方法的统一。最终形成相关的校本课程、学生个案研究、学生主题活动相关材料及"青春期教育"的研究文章。课题的研究要以研究生命教育的实际工作为对象，离开了生命教育的实践来研究生命教育是空洞的。课题研究是结合实践的研究，一边进行生命教育实践一边在实践中进行研究。参与课题研究的教师同时也是边实践边探索，有助于尽快提升相关教育能力和水平，尤其是有助于班主任的专业技能的提高。

（2）开展专题研讨及"班主任工作坊"，相互借鉴

以研讨形式为主，着眼于小处，结合具体案例，研究班主任工作中的实际问题（如怎样培养学生自觉学习习惯，怎样发挥班队干部的作用等），人人发表意见，互相学习借鉴，收集推广运用班主任的优秀工作经验，共同提高。

在工作坊中，班主任紧紧围绕着班级管理中的困惑进行交流。例如，针对学生辱骂老师事件，采取以"农村包围城市"的方式对之进行艺术化的处理；在工作中学会换位思考，班主任要善于"换位思考"处理班务，要学会"换位思考"，面对家长，更要引导学生学会"换位思考"；在实际工作中，班主任要预见能力、换位思考、关注常态，进行多元评价，实现自我学习，此外，在实际工作中要"以不变应万变，以万变应不变"。

（3）逐步推进"生本工程"，提升班主任工作创新能力

①生本工程的目标

以"学生责任教育"为主题，构建"分层责任教育体系"和"主题责任教育体系"，培养学生的"责任意识"和"责任行为能力"，促进学生形成以"负责"为底色，既志存高远，又脚踏实地的精神特质，实现"做自信的中学生，做豪迈的中国人"的培养目标。

②生本工程的体系

构建主题责任教育体系：责任＋理想、责任＋感恩、责任＋荣誉感、责任＋使命意识四大主题。构建分层责任教育体系：三个年级分别构建年级责任教育目标与体系。

③生本工程的策略

全员德育：在学校，人人都是德育工作者，事事都是德育事。构建管理育人、教学育人和服务育人的德育网络。

德育课程化：总结学校比较成熟、效果好的课程活动，探寻课程化的德育实施形式，促进德育工作的规范化、实效化。

在校领导的指导：学生工作处的组织下，班主任们进一步对学校"责任教育"德育理念的实践进行梳理，探索模块化的德育课程体系。在此过程中，班主任对校本的德育课程有了进一步的认识，有了新的想法，不少班主任主动开设德育课程，主动参与策划德育活动。

3. 创新多元研修模式

青年班主任工作室的培训不仅仅局限在校内，根据青年教师充满活力，更容易接受新鲜事物的特点，可以设计读书活动、校际交流和辩论赛等青年教师喜闻乐见的培训形式。

为培养青年教师自主学习的习惯，学校组织学习专家的讲座视频，为青年教师购买班主任学习专著，要求他们认真研读。

组织工作室学员外出参观学习，与优秀班主任进行"用心关注，收获成功"德育交流研讨活动。在活动中学习成功教育的理念，帮助学员们树立每一个孩子都有成功愿望的信念，寻找合适的教育方法，挖掘孩子成功的潜能，从而进一步激发青年班主任的敬业和奉献精神。

组织工作室成员参加德育处组织的主题辩论赛，请青年教师加入正反两方来辩论。通过赛前准备、参与辩论及赛后小结三个步骤既让学员感受到学习的乐趣，同时帮助他们了解班主任工作需要的智慧和艺术。

4. 政策向班主任倾斜

学校定期对优秀班主任进行表彰和奖励，每学年评选校级优秀班主任；加大对班主任的奖励；每年的优秀教职工评选以及行政记功都保证有一定的比例是班主任老师，如果偏低，学校做统一的调整；在定编定岗工作中，有相当的评分是参考教师的班主任工作年限来排序；在高级教师评定工作中，学校对教师的评价也在一定程度上向班主任老师倾斜。

5. 营造关心、尊重班主任的良好氛围

学校主要领导，不仅是分管领导，校长、书记亲自大力宣传优秀班主任的先进事迹。作为分管班主任的德育处要及时地将某些事迹反馈给校领导，在大会小会上表扬宣传,"说"班主任工作中辛苦的点点滴滴,"说"班主任为学校教育、教学做出的成绩……让每一位教职工都知道,这不仅是教育经验的推广学习,更会让班主任老师有一种自豪感,同时也会感染其他教师,让他们产生羡慕感。要让全体教师都意识到:"不能做好班主任工作的老师不应该算是一个合格的完美的老师!"

6. 制定班主任考核制度

加强班主任培训,指导班主任做好常规工作,由德育处制定班级管理考核方案,包括学生行为规范、班级活动获奖等方面,每学期结合班主任个人工作业绩,总体评价。原则上只有排序在全校 80% 以前的班级才能参加市、区优秀班级和校优秀班主任的评选。这样一来,班级的常规管理,能够引起班主任的重视。表面上看,考核似乎是加重了班主任的负担,但实际是督促班主任去用心关注班级、关注学生。而以班主任的工作能力,一旦投入到工作中去以后,不仅班级各项工作能顺利开展,而且也会使本人从一些事务性的工作中解脱出来。考核只是起到了一个"推一把"的作用。

另外,学校积极开展读书沙龙活动,由德育处推荐有关教育方面的书籍,由班主任老师自愿选择,利用寒假等业余时间研读,在班主任会议上,将书中的精华以及自己的心得体会跟其他班主任老师交流、分享。这样就能让班主任老师能在有限的时间里"看"更多的书,提高专业知识和专业能力。

7. 提高班主任待遇

作为分管班主任的部门主管,德育处需要时刻将班主任的大事小事放在心上,给予关心给予支持。根据班主任反映的工作中遇到的困难,制定和完善"手机管理制度""学生请假制度""学生意外伤害处理办法"等相关制度,目的就是为了给班主任的工作提供最大限度的支持,德育处要做班主任的后盾,这样班主任才能放手去管理班级,还要积极向学校申请合理的班主任待遇,同时改建年级组办公室,改善班主任老师的办公条件。

二、班主任德育工作

中学生作为青春期的孩子,他们在思想上并没有完全成熟,在学习中经常会有各种各样的奇怪思想,因此作为教师在开展德育工作的时候,一定要结合学生实际情况,帮助他们更好地实现最终目标。很多学生在学习中都承担着学习压力以及成长中的困惑等,德育工作的开展能够有效帮助学生减轻压力,并且将更多的注意力放在学习上。在中学的班级管理中,德育可以促使班级整体环境得以优化,并且能促进学生主动学习,构建一个轻松愉快的学习空间,积极推动良好师生关系的建立。班主任在开展德育工作时一定要结合学生的情况来制定出适合他们的教育目标和指导计划,根据学生的理解和兴趣爱好等来进行教学,并将学生的潜能发展放在重要位置上,最终提升学生的素质及能力。

德育在班主任工作中的重要作用主要表现在以下方面:

第一,提高综合素质,促进身心健康发展。只有学生具备了优秀的道德品质,才能够德智体美劳全方位发展。因此,班主任在日常的班级活动中加强德育工作,能够很好地提高学生全方位的综合素质,并增强学生身心健康发展。

第二,形成正确道德观,培养良好个性。在中学时期,学生会面临学校、家庭、社会等多方面的压力,如果在这一时期不能够教育和引导学生,很容易造成学生产生不良心理,甚至心理扭曲。中学时期大部分学生都比较迷茫,还没形成完全正确的人生观。学生很容易被不良信息所引导,导致错误观念的形成。因此班主任需要及时地引导,帮助学生分清对错,明确道德准则,提高道德意识。

第三,更好地适应社会。中学生即将迈入更高阶段的学习,为了避免学生步入歧途,班主任需要加强学生道德品质的引导,帮助学生形成正确的"三观"。

三、班主任开展德育工作面临的问题

(一)班级管理重智育轻德育

现在大部分学校为了提高升学率,并没有展开深入的德育教学工作,班主任一般比较看重文化课,并没有公平对待德智体美劳五个方面。在评价学习上,过度注重学生成绩,在评选班级干部或者是三好学生时,一般都会选择学习成绩好的学生,忽略了思想和体育方面的表现。学生学习成绩好就是三好学生,这样的评价标准导致学生也只看重自己的学习成绩,丧失了培养自己的兴趣爱好主动性,也没有积极提高自己的体育能力和思想道德水平。老师的考核,主要以学生各种考试成绩为主,通过处理学生的成绩,按照平均分、及格率等,为学生进行院校的排名。科任老师的首要任务就是提高学生的各种考试成绩,大部分老师在课堂上只教授学生高考的知识点,对于学生的德育工作并不关心。在考试之前,班主任一般都会停掉学生的体育课、美术课、计算机课等,全部替成了"主要科目"数语外,甚至是思想政治课都需要为"主要科目"而让步。有些学校虽然对德育比较重视但是也只是在周一早场举行升国旗活动或者在每周五最后两节举办班会，在这么短的时间内学生很难体会到德育的作用。

（二）忽视德育工作开展

部分中学教师和班主任受到各方面的影响，疏忽了德育工作的实际开展情况，有的学校和班主任还有着学生只要在重大思想问题方面不出错误就可以了的思想倾向。考虑到教育部门对学校教育和学校对班主任教学的评估，很多学校、教师与班主任的关注重心都在学生的智力培养上，教学质量仍旧是主要，甚至唯一的指标。学校为了能取得更好的教学成果，将教学质量作为工作重心，尤其是"双减"政策实施之前，很多地方的学校还会为中学生增加早晚自习，日常考试实行班级或校内排名，这种大环境使得班主任无法抽出更多的精力去开展德育工作。

部分学校和班主任是单纯将班级与教学管理作为重点关注对象，忽视了德育的重要性。在思想上，班主任存在着轻视德育工作的倾向，对教育部门或学校下达的德育工作任务指令消极应付，只将视线聚焦于学生的学习情况、生活习惯、课堂纪律等班级管理工作上，对学生的评价还局限于学习成绩和平时表现上，德育工作无法在日常管理和教学实际中落实。其中很多班主任受到传统应试教育的影响过于深刻，以至于在新时代环境下不能清晰认识德育工作的新观念，将德育工作单一地归结为教学方法的创新，没有深入理解加强德育工作的意义。事实上，网络的发达使学生们能从互联网上了解到不同的信息，学生有自己的思维方式方法，对学校教育也有自己的理解和想法，班主任所要做的就是拓展新的教育理念，在学生成长的道路上引领他们向着积极的方向前进，如果一味地尊崇传统教育理念只会被不断进步的时代所抛弃。

（三）德育教学形式单一

部分班主任忽视班级文化与学习氛围的营造，通常情况下，班主任的教学管理工作主要通过班会的模式开展，而班会的组织召开仍以传统说教为主，如名人故事讲述、学习经验分享，以此督促学生应当按时完成作业，并且主动向优秀的学生学习。还有部分教师会将班会课作为主科教学的时间，没有充分发挥班会应有的教育作用，更忽视德育工作的重要性。另外，在其他课程教育中，缺乏渗透式教学理念，不能将德育内容与课程教学相融合，而是将德育变得过于正式、过于严肃，不仅不利于相关问题的解决，还会影响学生的健康成长，不利于班级秩序的构建，影响师生关系，导致班主任工作压力过大，影响教学效率。

（四）不关注学生的内心需求与困惑

德育工作是一项育人品德的工作，在实施中应当坚持以学生为本，关注学生个体差异，充分尊重学生身心发展的特点，做好公民教育、思想道德教育和法治教育，进而为品格的形成和价值观念的塑造奠定基础。为此，就需要充分结合班会和其他实践活动以及课程学习的方式，全方位展开，抓住一切育人的契机进行德育工作。但是，在部分班主任的教学管理中，仍旧将德育教学围绕成绩展开，围绕班集体的荣誉展开，不关注学生内心实际的需求，不了解学生面临的困惑。尤其是在网络直播、网络游戏等各种信息技术娱乐手段的影响下，部分学生更是缺乏正确的鉴别能力，容易受到网络中不良文化的负面影响，阻碍健康成长。

（五）开展德育工作的方式仍停留在表面

有不少中学班主任思想仍停留在基础层面，将德育视为对学生的不足予以指点，并批评教育学生的错误行为，不去创新开展德育工作的方式方法，过分关注形式，使得学校德育工作的效率得不到保障，所能收获的教育成果微乎其微。这些班主任通常开展德育的方式都是一些班会讲座，对年纪很小的学生施以长篇大论，只会让这些学生大惑不解，无法调动学生思维的积极性。这样的德育工作核心更重在形式和说教，还有个别班主任开展德育工作的初心是为了收集工作材料，用以应付学校的工作检查或是参与德育的调研评比，其私心优先于对学生的成长教育。除此之外，还有一些班主任不关注、不研究国家对德育工作的相关要求和政策规定，在进行德育工作时秉持着经验主义至上的原则，只知道遵循旧经验，把新德育观念挡在旧观念建立的壁垒之外，脱离了新时代教育改革所明确要求的教育思想。中学德育落实是需要进行具体规划的，不能像少数班主任那样依靠几场枯燥无味的讲座来完成。一些班主任不积极主动学习德育知识，就连德育活动的开展都是被动进行，不能结合班级学生的具体情况来展开，把时间和精力都投入在如何提高自己的教学水平上。教师德育基础知识上的缺乏导致中学德育工作难以帮助学生实现思想上的提升。

（六）组织德育活动形式化

要想让学生表现出良好的道德行为，那么就要和学校活动不分割。在参与学校活动的时候，会促进学生思想、思维的发展，还能够促进培养多种健康品格的形成。由此可见，培养学生的健康思想和学校活动分不开。大部分班主任认为，学校的教学任务重大，而且学生的升学压力巨大，根本没有多余的时间去组织学生开展德育活动,都是"应付"过去,而且有些老师认为开展德育并没有实际上的意义。有些学校会举办"红色文化"演讲,虽然台上的朗读者激昂澎湃,但是有些学生都在下面昏昏欲睡,尤其在农村地区,大部分学校都是通过政治课本来展开德育,虽然在课堂中老师经常会加入一些风俗习惯和一些典型的案例,但随着互联网的发展,学生眼界的开阔,学生对老师教授的内容持怀疑态度。因为升学的压力,有些校领导认为德育并不会帮助学生成功升学,是一种隐性的东西,不能量化考核,但是学习文化课会有明显的效果,所以大部分德育活动知识为了符合教学改革目标,不去管理德育的过程和结果。举办德育活动的次数比较少而且过于形式化,只是为了活动而进行,并没有在其中加入德育的"灵魂",导致本就不多德育活动也变成了装饰。

(七)德育内容没有结合社会实际

德育的开展是为了有效培养出符合社会需求的人才,学生需要在学校教育中逐渐具备良好的核心素养,不仅要学习校内知识,还要学习道德准则与行为规范。很多学校和班主任普遍存在一个思想误区,从意识上就没有找准德育的定位,只认为德育是学校教育工作,或是觉得中学距离步入社会的时间尚早,不必结合社会实际来进行德育工作。在这样的想法下,班主任举行的德育活动内容被限制在校园范围内,主要内容也只有友爱同学这类单一的思想,没有深入挖掘和利用社会资源,就如有的班主任举办传统文化活动时,只会让学生去参与活动,却没有做到让学生仔细了解这些传统活动的由来,德育活动难以丰富到精神文化层面,自然就影响了学校开展德育工作的效率,无法有效实现对学生德育素质的提高。

(八)德育评价方式单一化

德育评价是研究德育理论中比较薄弱的一个环节,也是学校开展德育实践的一个难题。我国对德育评价长期以来都是使用量化的方式评价,也就是班主任根据学生的期末成绩或者是思想政治考试来评判学生的道德水准。通过数字的形式来呈现评价结果,这样的形式比较好操作,然而思想政治考试成绩只是学生对所学习知识的了解情况,并不能去判断学生真正的道德涵养,而有些学校并不会设定班级德育目标考核标准,只是在基础分上去进行减分或加分,如果违反班级规定,就会减掉相应的分数;如果学生在学校里或者是社会上做了好事,那么就会加对应的分。在评价学生德育时,班主任不会和家长沟通,一是老师认为家长会偏袒孩子；二是因为老师认为会浪费大量的时间，这样在一定程度上会增加自己的工作量。所以，在期末对学生德育评价时，班主任会根据科任老师的反馈和自己看到学生的表现来进行评分，有些班主任只是为了应付学校领导而进行评分，大部分学生都会及格，有些学习好的同学会接近满分。采取量化的方法去评价学生的德育水平，是缺少人文关怀的一种表现，和教育改革后的教学理念相反，很难使德育评价的作用效果发挥出来，很难促进学生思想道德的发展。

四、提升班主任德育建设成效的对策

（一）根据学生身心特点开展德育建设

在社会经济的飞速发展中，中学生的心理也在发生着变化，所以需要中学班主任在进行班级管理工作中，要对学生进行有针对性的德育，结合当前中学生的心理特点和年龄特点对学生渗透教育。中学生虽然具有了一定的社会经验和阅历，但是他们正处于生长的叛逆期和青春期，他们希望得到教师、家长以及同学的关注和肯定，如果想要坚持自己的观点时，也会出现冲动的情绪，更不喜欢教师和家长不停地教育。对于这种情况，中学班主任在班级管理工作中融入德育内容，不能只对学生进行口头说教，还要积极地改善和学生之间的关系，增进和他们之间的距离感，用平等、祥和的态度与他们进行交流和沟通。班主任在进行德育教学的同时要使用巧妙的方式与他们进行沟通，更要有耐心地去倾听学生的观点，当发现他们的观点错误的时候，不要着急全盘否定，需要用实际案例和学生共同分析，逐渐地帮助学生发自内心地认识到自己的错误，如此才能使学生接受教师的建议，从而提高他们的道德素养。此外，中学班主任在平时的班级管理中要用公平公正的态度去对待班级的每一位学生，并要用赏识的眼光和态度去看待学生，如此可以提高班主任在学生心中的地位，让他们自觉地对班主任产生信任，促使班主任开展的德育工作更为顺利。结合"罗森塔尔效应"，班主任可以把对学生的赏识和肯定转化为学生的动力，并且可以更好地塑造学生正确的价值观。所以班主任要让中学生感受到教师的赏识和肯定。在班级管理中班主任可以用一个肯定的眼神传递给学生一些信息，让学生从班主任的微笑、动作中感受到肯定。

（二）融入网络文化开展德育活动

班主任在加强对中学生青春期心理分析的基础上，增强心理健康教育，不仅

关注学生在学校中的学习表现，同时关注其行为习惯及背后的原因，与学生保持良好的沟通模式，营造和谐的班级文化和沟通氛围，真正能够捕捉挖掘到引起学生心理变化的原因，以及学生心中存在的具体困惑。例如，针对部分学生存在的网瘾问题，应当给予高度关注，可通过网络文化为主题的心理健康教育活动实现德育，引导学生对网络产生正确的认识。还可邀请学生参与讲解，如网络游戏的优势与危害，引导学生在不影响正常的生活、学习的情况下，通过网络游戏达到有效的休闲娱乐效果。另外，如何正确应对网络中存在的欺诈以及其他负面文化影响，进而引导学生树立正确的文明上网意识，理性管控上网时间，拒绝通过网络模式进行虚拟消费。在此过程中，还要加强法治教育的渗透，引导学生严格律己，形成文明品格，有效抵御不良网络文化对价值观念的侵袭。

（三）师生沟通提升德育功能

将学生作为课堂主体，制定差异化的教学方法是新课改中素质教育理念的关键。教师不应是高高在上的知识传授者，而应成为学生的朋友。教师与学生间建立和谐有序的师生关系，有助于学生健全人格的形成。德育应以人为本，并要以德服人、以情化人。中学生每天花费大量时间在学校，教师是学生日常接触最多的人，其一言一行都对学生有深远影响，是学生竞相模仿的楷模。在日常管理工作中，教师要做到以身作则，时刻以高标准要求自己，注重引导及管理学生，在潜移默化中提升学生的自学能力，助其养成健全人格。沟通是师生彼此敞开心扉最有效的法宝，沟通的有效性取决于师生间了解的程度。在德育中，教师应时刻关注学生情绪变化，通过正、侧面沟通发现孩子的心理需求，做他们的良师益友。现阶段的中学生中有很多独生子女，自尊心强，稍有不慎就会产生心理偏差。因此，教师一定要尊重学生，及时发现其心理变化，引导其养成高尚的品质。简单举例，班主任教师可定期在班内开展"悄悄话"活动，让学生表达出真情实感，教师要仔细聆听，让学生觉得感同身受，再根据学生的心理变化进行后期工作调整，在班级内部创建民主和谐的氛围。

第一，平等对话。在以往的师生关系当中，学生都是听老师的话，而老师一般对学生说话是命令的语气。但是现在更提倡老师和学生之间的平等对话而不是谈话。对话之间强调的是老师和学生之间地位方面的平等，而谈话显示的是老师的权威，学生对于老师命令的服从。中学时期学生已经有了自己的主观思想和意识，班主任如果只是用命令的方法来管理班级，就会起到相反的作用效果。在管理班级过程中，班主任需要和学生之间进行平等的对话。只有良好的沟通才能够让师生之间亦师亦友，学生在面对疑问和困惑的时候能够向老师询问，所以在班级管理的时候，班主任需要和学生之间进行平等的对话，为日后班级的管理打下坚实基础。同时班主任可以根据学生平时的管理能力、才能等，选择几位班干部候选人，然后让其他学生进行匿名选拔。这样一来不仅能够加强班级的管理，更好地组织班级开展德育活动，还能够锻炼学生的判断能力、交流能力、合作能力等，让学生可以全方位地发展。

第二，情感交流。班主任在管理班级的时候，需要融入情感交流。班主任展开情感交流能够调节学生的行为，对于学生而言老师有着示范作用，老师的言行举止和好恶都会在学生的心里产生影响。俗话说："言传身教"，老师并不是靠言语去教学生，而是需要用自己的实际行为去示范，学生一般也不会听老师说的，只会看学生怎么做。所以老师在向学生传递信息时需要保持客观公正的态度，因为老师所选择的信息会影响学生。学生在和老师的交往中，会逐渐学会人和人之间的交往规则，形成正确的道德意识，为未来学习和工作中的交流打下坚实基础。班主任在实际管理班级当中需要充分按照"情感交流"的准则进行，需要了解老师和学生之间情感关系的特点。老师和学生之间具有普遍性和社会性的关系，简单来说就是班主任并不是出于自己的情感去和学生相处，而是其中包括社会内涵的一种情感。对于老师而言，教好学生是作为老师的工作，也是一种责任，是一种社会目标而建立，但班主任也要同样地热爱自己的学生，不能因为自己的喜好而偏爱或者嫌弃某个学生。另外，班主任需要通过亲和教育法来培养和学生之间的感情。学生愿意去亲近、帮助班主任，才能够让学生产生向师性，而不是通过咒骂、喊叫或者处罚的方法去管理学生，这样只会让学生产生逆反心理。

（四）指导学生发展提升德育功能

第一，指导学习生活。学生主要的义务和责任就是学习，学生在学习的时候教师要注意学生在德育方面的发展。为了让学生取得更好的学科成绩，班主任需要加强和各科任老师之间的联系，在考完试之后带领全班分析班级中的学习情况。班主任在指导学生进行学习的时候，不仅需要保证每位同学学习的效率和质量，还要提高学生各科的学习质量。

第二，指导心理健康。现在中学生的健康不单单是指身体方面的健康，还有心理方面的健康，这样才是真正的一个健康人。学生在学校时候主要的负责人就是班主任，班主任不但需要关注学生的学校生活以及学习，还需要了解学生的身心健康，特别是中学生心理方面的健康。现在学生的学习及生活方面的压力都比较大，如果没有及时地发现并加以正确引导，很容易导致学生产生心理疾病。从社会学上来说，个体的心理健康并不只影响自己，还会对社会的文明造成影响，一个人的心理不但支撑着和熟人之间的沟通交流，还影响和陌生人之间的交流。个体拥有良好的心理素质才能够最大程度发挥知识和学习的作用，所以很难制定标准去判断一个人心理是否健康，因为心理情况的发展不仅仅受社会条件的制约，还会受到个人生活环境以及生活习惯的影响。因为中学生有沉重的学业负担，在升学方面面临着巨大的压力，很容易出现心理问题，学生在和父母、老师、同学之间的相处不和谐时就会导致心理疾病的产生，所以班主任在管理班级时需要更深入地了解学生，指导学生的心理方面的健康，班主任可以从下面几个方面入手：

（1）开展心理健康讲座。健康讲座包括培养学生的健康情绪、良好品质等，让学生可以勇敢面对生活和学习中的困难和失败，提高学生人际交往能力，调节学生青春期的心理。

（2）打造和谐班级氛围。班主任需要舆论往正确的方向发展，让学生明白友谊的重要性，可以团结起来共同进步，让学生不歧视成绩落后或者是犯过错学生。

（3）注意维护学生心理方面的健康。班主任需要保密学生的心理问题，同时需要民主的方法进行管理，不能过度压抑学生的情绪。

（4）班主任在进行心理咨询的时候需要具有针对性，并和学生单独聊天。

（五）优秀文化融入德育建设

德育以育人品质为核心，在德育活动的实施中，可从中国优秀传统文化中吸取教训素材，并与其他课程相融合，实现感恩教育。例如，在语文课程教学中针对"滴水之恩、涌泉相报"等相关的课程内容教学中，融入感恩教育，引导学生树立完善的人格。同时，配合班级主题文化活动，举办以感恩教育为主题的系列性主题活动，让具有不同特长和兴趣爱好的学生都有展示才华的舞台，并通过其特殊的表达形式诠释学生对感恩的理解。在此过程中，实现对传统文化的深入解读，并化成行动指南，对其实际的生活的困惑或者错误认知产生正确的引导。如班主任组织系列班级活动、主题班会、主题实践、板报设计、手抄报设计、歌舞展演等，引导学生挖掘身边的感恩故事，以表达对父母、师长及国家的感恩之情，塑造良好的集体精神风貌。同时，班主任还可将学生分成不同的学习小组，以不同品质和不同学习能力为特点，实现学生之间的优势互补。如优等生对学困生的学习辅导，表达能力强与行动能力强的学生之间相互鼓励、进步，引导学生在互帮互助中形成知恩图报、乐于助人的优秀品质。

（六）营造积极向上的班级风气

在建设班级精神文化方面，班主任要重视营造良好、积极的班级风气。积极向上的班级风尚可以促进学生形成健康的习惯，可以在无形之中培养中学生的坚强意志和良好的行为习惯。所以班主任要关注构建良好的班风。可以从以下几个方面建设班风。首先，班主任在制定班级规则时，可以邀请学生共同参与，让班级每个学生成为班级风尚的建设者。监督班干部做好班级日记，对每天的纪律、卫生、好人好事进行记录，并将记录的内容在班级中公布，以此来鼓励学生们自我管理、自我反思。其次，班主任还要用合适的方法选拔出适合的班干部，进行培训、培养成班级的骨干力量，并且要引导班干部在平时的学习和生活中要给其他学生树立榜样，使其发挥出领导、带头的重要作用。班主任还可以进行一些"孝心少年""友爱之星"选拔活动，如此为其他学生选拔出道德榜样，在榜样的带动下，可以让学生们受到道德熏陶，提高班级学生的道德品质。最后，班主任要发挥出自身的作用。在班级管理中要积极地与学生家长进行沟通，通过和家长的沟通了解学生的实际情况，以此更为有针对性地帮助学生健康成长。

（七）日常管理中强化德育意识

德育是一项长期性、缓慢性的教学行为，班主任在日常教学工作中应时刻渗透德育理念。教师自身的品行及习惯会给德育的开展产生巨大影响。因此，在管理工作中一定要注重自身修养的提升，为学生树立榜样，用人格魅力征服学生，让学生形成德育意识，为日后德育内容渗透奠定基础。

第一，巧用班会。班主任可以通过班会培养学生主人公的意识。让学生可以积极参与到班级的班会当中，可以锻炼学生的交流能力、组织能力等。学生参与到班会当中，能够很好地发挥自身的能动性，在不断的实践中进行锻炼。所以，班主任需要在班会活动中给予学生足够的机会与条件，足够信任并充分鼓励学生，给予学生一定的责任和权利，让学生可以大胆地去做，不怕出错。班主任每周需要定好班会的主题，让学生去准备班会，班主任可以将学生分成小组，让小组成员轮流负责每周的班会内容。在开展班会的时候，因为学生可以积极主动地投入进去，可以展现学生真正的性格，班主任在这个过程中就会看到学生真实的一面，在不同类型的班会中学生会展现自己不同的才华，这也是班主任了解学生的时机，班主任通过进一步了解学生挖掘学生的潜能,看到学生身上的闪光点,找寻适合开展德育的好时机。

第二,组织社会实践活动。开展良好的社会实践不但可以让学生在活动中体会到快乐,还能够让学生在其中提高德育修养。在活动中发生的所有事都是学生自己所经历的事情,而不是听到的事情。而且通过社会活动学生可以锻炼自己、表达自己,对于学生来说有较大的影响。班主任在组织学生开展社会活动时有三点需要注意的地方,具体如下:(1)社会实践内容不能太空,需要有详细的教育设计和教育要求;(2)社会实践需要具备教育意义,让学生可以在活动中去思考、观察、动手等,以教育目的为基础,在有限的时间内让学生可以接受正面的教育意义;(3)在开展社会实践之前,老师需要取得实践活动对象的配合,最大程度地了解其中存在的教育意义。在进行社会活动的时候,极有可能比原定时间要长,这是因为学生走路需要一定的时间,虽然会耽误一些教学时间,但是学生可以将自己所学的知识付诸行动,在不断社会实践中提高自身道德水准。

(八)丰富教学实践活动

德育工作在开展中也应当积极进行改革与创新,班主任需要将传统的班会、综合实践活动以及校外实践活动相结合,进而使德育能够以更多样化的形式在学生生活中反复出现,不断提升教育效果。例如,针对学生在学习中或是生活中遇到的具有代表性的困扰,作为综合实践活动的主题。比如考前焦虑可以通过观看一定的心理疏导视频和团体沟通模式进行情绪疏导,让学生锻炼情绪调控的能力,塑造积极向上的精神风貌。再比如在班级或者校园内开展针对垃圾分类组织相应的公益活动,培养学生吃苦耐劳的精神。在此过程中,实现学会尊重他人成果、塑造文明行为习惯的目的,培养学生敢于担当的品质,营造积极向上的班级风貌。

(九)适当进行鼓励教育

中学生精力充沛、敏感懵懂,是思维意识发展的关键期。他们认为自己已经是大人了,实则心智并不成熟,易冲动。教师作为班级管理者,要能及时发现学生的情绪变化,及时纠正偏差,同时扮演好伙伴和引导人的角色,切忌以权压人。对学生的错误应循循善诱、缓和指出,让他们认识到问题所在,再帮助他们改正自我,完善自我。鼓励是最佳的教育方式,教师经常性地鼓励能让学生看到自己的闪光点,还能在班级内形成示范效应,让学生间彼此学习,从而全面提升道德水平。教师应注意德育渗透方式的多样性，根据学生实际情况构建不同的德育主题，如小组合作、知识竞赛、单独谈话等，在选定方式前要做好预设，以便达到预期效果。

（十）挖掘新鲜的德育管理素材

我国从古至今一直延续应试教育，因此可以看出应试教育对班主任的影响非常的深远。不论是班级管理，还是教育教学都过于重视成绩的提高，对学生的素质培养较为忽视，所以造成德育无法得到有效的发展。在如此的班级管理中，就无法提高学生学习的积极性，而较低的素质水平对学生的综合素养发展起到负面影响。对于这种情况，班主任要深刻分析新课改的管理教育理念，引进新型的管理理念，跟上时代发展的步伐，提高班级德育管理，并丰富管理素材，通过引入网络上、社会上的时事新闻，在班级管理中进行德育。如在前几年发生的"校园欺凌"事件，班主任可以把这个话题引入到班级管理中，让学生针对这一话题进行讨论，当讨论结束后，班主任可以让学生说一说自己的看法，还可以给学生提出一些值得思考的问题，让学生正确对待校园欺凌事件，如此培养学生的是非观念。此外班主任还可以借助多媒体技术给学生播放一些关于德育内容的电影。

（十一）构建多途径评价机制

为进一步提高德育工作的教学成效，确保各项制度得到有效落实，在德育开展中，班主任可以构建多途径的评价机制，制定可以量化考核与定性评价的考评体系，以实现对学生学习品质和行为习惯的养成与塑造为目标。其中，量化指标的制定，需要根据学生日常表现进行梳理，充分发挥学生的参与主动性。如以班会模式面向全班学生发起倡议，号召全体同学积极提供合理建议，进而实现评价制度的优化与完善。具体根据学生在日常学习中的学习情况、实践活动以及仪容仪表、言谈举止和文明礼貌等方面展开，评价学生在学习、生活中的积极性、主动性、成长性等，再结合学科评价、同学互评、自评等方式得出全面的评价结论。通过这一过程，引导学生正确认识自己的进步点，从正面不断强化，提高德育的成效。

（十二）培养骨干队伍

在中学德育体系中，班主任起到主导性作用，需根据班级学生实际情况开展适宜的德育活动，为促进德育工作高效落实，应注意培养班主任骨干队伍，从班级管理、家校沟通、心理疏导、实践指导四个方面进行培养，确保班主任群体可良好的掌握德育能力。结合班主任班级管理经验将其分为班龄5年以下的青年班主任、班龄5—10年的经验型班主任、班龄10年以上的成熟型班主任，以此更好地进行班主任分层培养，能力要求如表4-3-1所示，为高效推进德育工作奠定基础。

表4-3-1　班主任德育能力要求

能力要求	青年班主任	经验型班主任	成熟型班主任
班级管理	掌握班级德育管理理论及实践体验	形成规范化、系列化德育模式	已形成特色的高效德育风格
家校沟通	掌握基础性家校沟通渠道，无障碍与家长沟通德育内容	熟练应用各类家校沟通渠道，且能够与家长长效交流	能够与家长形成德育合力，并组织家校合作德育活动
心理疏导	帮助学生正确认识自我，引导其形成正确道德观念	使学生加强对自我的认识，并积极表达自己对德育的看法	根据学生心理状况开展心理教育活动，预防常见心理问题
实践指导	积极参与学校组织的德育系列活动，并给予学生指导意见	能够自主组织德育实践活动，增强学生德育体验	组织多元化校内校外德育活动，衔接德育实践与教学实践

（十三）生活德育课程化

首先，班主任可以让学生根据修炼课程选定一些具有针对性的目标，不一定要让学生对目标贪大求全，而让学生根据自己的实际情况，选定一些具有针对性的目标，在此基础上进行改正自己的品德缺点或不良行为方式。

如有同学常常不冷静，脾气很暴躁，同学们也总说她性格不好，容易大悲大喜，情绪起伏颇大，遇事处事极不稳重。比如，有些时候明明心情很好，下一秒就会开始忧虑其他的什么事情。还有在与他人相处的时候总会发生一些矛盾，然后因此吵架或大动干戈，那时就特别的不冷静。在学习生活中遇到了困难、挫折也从不会积极面对，只知道一味地退缩。在学习上遇到不懂的地方，就会心生懒惰，有问题也不去问老师。如果进行修炼，班主任可以让该同学和同学们讨论他们眼里自己做得不足的地方，就会逐渐地开始改正自己的不足。如学习控制住自己冲动的情绪，保持一定的理智，采取积极的行动去解决所遇到的事。培养自己良好的习惯，如明确自己所肩负的责任，向老师和同学寻求帮助，培养广泛的学习兴趣，激发自己的思维能力和创新能力。此外，班主任尤其可以让学生重点选修符合自己的并且还没有做到的内容。这样的德育修炼针对性更强，也符合因材施教的教育原则。

再如对比较贪玩的学生，他们做事没毅力，课堂上不积极思考老师的问题，学习方法和学习习惯不是很好，成绩越来越差。如果让他们选择培养好的学习习惯这一重点目标，就很容易促使其学习行为习惯的改变。只要班主任及时地找他谈话并帮助他分析自己的学习状况，建议他选修相应项目。选修之后又在班主任的指导下，让其根据自己的情况制订学习计划和目标，并指导他认真记笔记，独立地完成作业，及时纠正作业错题，并形成错题集。每节课做到堂堂清，每周反思一次在学习态度、学习过程、学习方法以及效果方面存在的问题，并做好记录，及时地找老师和同学帮助，寻找有效的解决办法。在此基础上，学生上课就大多能从不做与课堂教学内容无关的事情而慢慢地主动参与学习和讨论，从而逐渐使学习态度和习惯发生大的变化。

其次，班主任可指导学生改变品德不良行为。班主任指导学生改变品德不良行为，是班主任德育工作的题中之意。比如有学生很少和陌生人说话，显得比较内向腼腆；消费比较铺张浪费，没有节制；行为习惯比较差，经常抽烟喝酒等。在德育课程化的修炼中，班主任可联系老师、同学、父母对他加以关心和爱护，他大都能主动和陌生人交谈聊天，变得开朗，消费上也没有以前那么铺张浪费了。以前因为经常玩手机，所以晚上很晚才能上床睡觉，导致第二天上课的精神很不好，以后每天会比原来早入睡，因为家长会在他玩手机的时候提醒他。

总之，只要班主任注意发挥自己的作用，生活德育课程修炼能让每个学生重新认识到自己，并在以后生活中对他的帮助也很大。

综上所述，德育工作是学校教育工作开展的灵魂所在，也是实现学生人格培养与品德培养的关键教育过程。中学生正处于性格叛逆期，容易情绪化，容易出现逆反心理，如果不能加以引导，容易引发各类心理疾病，不利于学生性格的养成，甚至走向极端道路。班主任教师应正确看待自身肩负的责任，将德育作为教学日常，以学生的身心健康为主要工作目标。德育是一项长期性工作，改变德育理念，以多样化的教育方式，结合学生成长的实际需求，构建有效的德育实施方案，引导学生形成正确的价值观念，需要家长、学校、社会的共同努力，让我们的孩子成长为合格的社会主义接班人。做好中学班主任德育工作，是关系到学校、中学生个体及国家未来发展的大事，对于提高中学育人能力、促进学生终身发展有着十分重要的意义。

第四节　中学德育与学科教学

学校在德育方面倡导的"人人都是德育工作者"理念，除了通过多种渠道开展多种形式的主题教育活动进行实践外，还要求各学科教师在教学中以身示教，同时充分挖掘本学科的德育内涵进行渗透教育，使学科德育真正落到实处。

学科教育始终都是德育开展的强有力抓手，教师要非常注重学科教育中的德育工作，努力让德育与学科教学融合起来。在学科教育中开展德育工作时，教师要始终明确学科德育目标、探索学科德育方法和改进学科德育评价。如在学科德育目标制定时，教师要考虑学科特点，挖掘学科与德育之间的连接点，重点从课标分解、文本研读、学情调研这些方面来融入德育元素，凸显出学科中的育人内涵，确立出"为核心价值而教"的学科德育理念。再如探索学科德育方法时，教师要逐步去革新自己的教学理念与模式，由之前的"重教"转向"重学"，激发学生的学习兴趣，凸显他们在德育知识学习中的主体地位。

一、英语教学中的德育渗透

（一）科学设计教学活动

德育工作的渗透不是一朝一夕就可以完成的，需要教师在每一节课中去设计和施行。在传统的教学中，教师更多关注的是英语知识的教学，对于学生德育工作的关注度很少，致使学生虽然掌握了丰富的知识，道德修养却不达标。对此，在英语教学中，教师要科学地设计教学活动，在活动过程中通过一些故事等潜移默化地影响学生，使学生养成良好的道德品质。

如在英语教学中，学生在学习完"The necklace"后，教师就针对这篇文章展开讨论，再根据当前社会上的热点，有的学生为了满足私欲，为了在其他学生面前炫耀，去网贷买苹果手机等，最后被骗，通过这一系列的事件的讲授，可以让学生清楚认识到什么是应该做的，什么是不该做的，作为一名中学生，应该具备什么样的品德。教师在英语知识的教学中适当的穿插一些故事、社会热点等，让学生明白什么是有所为，什么是有所止，以此来提升他们的品德。

（二）举办德育英语主题活动

在教学中，举办德育有关的英语主题活动可以让学生全方位理解和认识自己的不足，不断提升自我修养。一是和学校以及社会的事件紧密结合，去设计主题活动的主旨，启发学生；二是鼓励学生积极参与，在搜集资料，设计主题活动的过程中，更加可以影响他们，提升他们的修养；三是教师在主题活动结束就进行总结和点评，画龙点睛，加深学生的印象。在英语教学中，教师通过举办德育为主的英语主题活动可以极大地促进学生德育工作的发展。例如，教师可以根据学校的一些德育工作来安排主题活动，将学校某一月定为诚实守信月，教师就以此来鼓励学生来举办和参与主题活动。在这个过程中，学生设计有关诚实守信的活动，像一些小品、故事，或是一些名人事件等，来诠释诚实守信在我们生活中的重要性。总之，在英语教学中，教师通过主题活动可以促进学生道德的提升，对于德育工作推动作用很大。

（三）观看经典英语类德育电影

观看德育相关的英文电影，对于学生的道德思想的促进作用很大，一方面，通过电影可以更加直接地启发学生，冲击学生的内心，让学生在学习的过程中，提升自己的道德品质；另一方面，可让学生领会到，一个人要想取得成功，道德修养是非常重要的，所谓得道者多助，失道者寡助。因此，拥有高尚的品德，对于一个人的成长以及成才十分关键。

一是在电影的选材上要有针对性，目标明确，以此来促进学生某一方面道德的提升；二是在观看完电影后让学生写读后感或是彼此交流，谈谈看完电影后自己的体会，加深学生对电影中传达的信息的理解，以此来提升学生的道德修养。总之，教师可以通过电影中传达的主题思想来促进学生德育工作的提升，对学生产生深厚的影响。

例如，为了使学生明白梦想与计划之间的区别以及为了实现梦想来如何更好去进行计划，教师可以利用"The dream and the plan"来影响和启发学生，为此教师可以找出相应的电影，通过观看电影，学生切身感受到梦想与现实之间的联系，以及学生为了更好地明白为了梦想如何去制订计划，而且在制订计划的时候，必须得考虑现实因素。在教学中，教师要通可以通过电影来鞭策学生，让学生不断提升自己，成长为更加优秀的青少年。

（四）举办英语文化交流会

在英语教学中，举办中西文化交流会对于学生更加客观地认识中西方的文化，提升自己的爱国认识有重要作用。在传统的教学中，经常会出现这些声音：部分学生对于英语成绩优秀的学生抱有敌对态度，认为他们不尊重自己国家的文化，不热爱自己的祖国，而去学习英语；在现在社会中，很多学生喜欢西方的文化、节日等，这两种极端的思想都是因为对中西文化以及其内涵的认识不深刻，要想提升学生的爱国思想，促进他们道德思想的发展，要以客观的态度去看待中西方文化，深入了解中西方文化，发现每种文化背后的意义。

例如，在当前英语教学中，教师为了让学生清楚地认识文化的差异，可以举办中西文化交流会，比如说就餐桌礼仪，教师可以和学生互相交流探讨，在西方，用餐的时候应该注意什么，怎么做显得大方得体有礼貌，在我国，用餐时又该注意什么。学生通过文化交流座谈会认识到了不同背景下，文化有很大的差异，在客观对待不同文化的同时，对于学生的德育的影响也很大，学习英语不是不热爱祖国，是为了拥有丰厚的知识去报效祖国；欣赏西方文化的同时，更应热爱我国的文化，促进学生道德品德的全面发展。

（五）理性对待中西方文化差异

随着社会的发展，有些学生盲目地崇尚西方文化，这对于学生的道德思想的提升有很大的限制。理性认识中西方的文化差异，对于促进学生德育工作来说十分重要。一是在英语教学中，教师可以适当扩展西方的文化，再和我们国家的文化去对比，去比较不同之处，进而帮助学生在理解英语知识的时候了解中西文化差异，而不是抱着哪种文化更胜一筹的比较思想，要尊重其差异，欣赏其闪光点；二是在英语教学中，教师就当前社会中一些例子来进行延伸，从一些例子中引导学生如何去欣赏不同文化的璀璨之处，如何理性地看待不同文化的差异。在英语教学中，教师要重视学生的德育工作，引导学生理性地对待中西方文化差异，激发学生的爱国热情。

二、历史教学中德育的融入

中学阶段的学生正是处在三观建立的关键时期，虽然学校都十分重视学生品德的全面发展和学校的德育工作，但还是存在着学生品德与学校生活脱钩、教师品德不适应学校实际的教育现状，有时甚至会让学生形成反叛心态。鉴于此，中学历史教师应把中华民族传统美德渗入历史课堂之中，既能调动学生对历史课堂的兴趣和掌握民族历史知识的渴望，也能熏陶学生的民族品德观念，使学生在认识中国重要历史事件和中外著名历史人物事件的同时，帮助学生通过学习历史培养中华民族的优良品德。

（一）设置德育教学目标

首先，历史老师要针对课程标准和历史课程情况，根据德育课程目标，做好历史课堂教学策划与研究工作，让学生能灵活地运用历史，并在历史的证据中更进一步地了解历史知识，从而在课堂的教学设计中寻找与历史知识及核心素养发展有关的新教学点与突破口，促进历史课程的实效性与德育的重要性相结合，实现德育工作与教案的有机渗透。因为教学阶段不同，其内容也有所不同。所以，教师们应按照不同学生的感受设定德育与历史教育课程的发展目标，让学生从不同的历史课程中得到知识的积淀，从而达到道德和美育的有机融合。

其次，通过对中国历史的不断发展的讲授，历史教师也应通过各种手段渗透核心素养，并逐步开展史学课程和德育的整合课程。例如，当教师在围绕改革开放的有关题材讲解史料时，组织学生探讨改革开放在中华民族历史上的重要地位与意义，使学生更深刻地认识改革开放在中国历史上的重要性和体现出来的奋斗精神。老师们在开展学生本课堂历史教育活动时，应当以奋斗精神、亲情、乡情作为德育教学的目标，以帮助学生提高对中国改革开放理念与历史地位的正确认识，使学生准确地思考改革开放对中华民族发展与壮大产生的深远影响。

（二）激发学生的探究能力

在把历史课堂教学和德育融合的过程中，教师应精心创设各类历史问题，让学生在历史课堂教学中保持对历史课程的思想灵活性和思维开拓性。老师要引领学生参与历史基础知识的教学，并通过展示历史材料或知识答案，探究历史材料的核心素养。在创设有关史学问题时，老师也要注意历史学科的基础知识、有关历史知识点的具体细节以及实际的历史教学情景等，让学生在历史课程上的学习从被动转为主动，让学生在对一系列历史问题的探索心理的驱使下，可以逐步掌握更坚实的历史基础知识以及更广泛的思想道德素质。在相关知识的创造上，教师也应采取分层的形式，使学生在历史课堂上逐步提高自己的核心素养，优化学生的学习方法。在把德育理念渗透到学生的成长过程中，历史教师也应注意从正面指导学生，让学生在对历史教学的答疑解惑过程中，得到新的发展。

（三）正确认识德育融入

在以往的历史教育过程中，教师渗透德育的方法往往是以对德育的灌输为基础，而在对德育的重视与掌握上，教师所需要做出的努力则要少得多。假如教师对德育的培养目标缺乏准确的了解，那么，教师就会在历史教学和德育渗透中间迷失了选择。只有教师充分认识到德育和历史教学之间的关联，从根本上处理二者在历史课堂教学中的矛盾，德育才能更有效地渗入历史课堂教学之中。

（四）丰富德育教材

利用历史教学渗透德育，是提高学生品德思想水平的重要途径。而中学生的学习特征也决定了德育渗透的现实意义。德育渗透不但能够培养学生的历史功绩，同时也能够培育学生良好的思想道德素质。在以往的历史课堂教学中，由于老师们所用的历史课本通常仅包括书本知识，学生对于拓展历史基础知识的准备时间显然不够。要想在历史教育中给学生传递更多的道德思想，教师们必须进一步充实历史德育教学的素材，教师应在教学准备阶段将教材的选择范围扩大到更广的范围。

例如，在教学"封建纠纷和改革运动"时，教师并不能完全把其思维局限于课本。老师还可以根据学生更多的课外知识，把更多的德育教学渗透到学生身边。如，屈原跳汨罗江时所表达的爱国；管仲、鲍叔牙之间的互助精神；廉颇和蔺相如之间相互理解的包容精神也可以作为内容嵌入历史教学之中，但也不可简单地认为上述内容与学生的历史课程考核关系不大，也就无法帮助学生了解内容。在历史教学中，只有将教学目的中的必需和考核内容相互联系，史学课程的实施范围才得到了限制。所以，在历史课程中渗透的德育材料有很多种形式，而其关键就是德育教材数量越多，效果越好。这里说的不仅是索引的材料数量，而更多地是指老师对这些材料的更深层次的运用与掌握。

（五）利用历史培养学生价值观

假如历史教育只能停留在课本中，历史教育就没有积极意义，这就需要老师在遵守历史的前提下，科学合理地利用历史开展德育。在历史教材中，对历史人物的评述应当客观全面，对历史人物的诠释也不能因为老师本人的个人喜好而产生误差。比如，在谈到秦王横扫六国之时，讲他结束了七国之间的纷乱，也熄灭了战争的火苗，并提出了许多推动秦国经济发展的重大发展举措。而同样，由于秦始皇还修筑了长城，建造了坟墓，并兴建了大量的建筑物，这就促使人民拼命地劳作，大量耗费了钱财。所以，人们对秦始皇的评论必须客观、具体，也必须区分利弊。老师的客观点评能够让学生学会客观评判。由于人总会有缺陷，在和别人交往时应该发现的是别人的优点。采用这种方式教学，能够培养学生的思想认识。

在资料的利用上，老师能够把历史和德育紧密结合一起开展教育，发挥历史在教育中的价值。比如，老师利用"五四运动"的有关资料整合爱国主义教育。今天的中国学生，一出生就生活在一个繁荣、平等和安定的年代中。这群学生有的却缺少爱国主义精神，对历史事物也不够熟悉。所以，老师可以根据"五四运动"，把"五四运动"情景还原给学生，使学生在"五四运动"情景下得到思想成长，并时时记住爱国主义。历史教师应了解到，在历史课堂教学中对学生的德育教学过程并不可以一蹴而就，这要求历史老师遵循相关的历史教育基本规律和循序渐进的历史教育理念，逐步推进。在把德育和历史教育相结合的过程中，老师要以历史人文的视角开展历史教育，而史学课程的内容也要按照统一设计，开展史学教育，以推动学生的全面发展。

三、语文教学中德育的渗透

语文学科作为中学教育阶段的主要学科之一，其教材内容与其他学科相比，具有思想情感更加丰富以及内涵更加深远等特点，这为德育内容在中学语文学科中的渗透提供了更加适宜的条件。同时，德育工作的开展对中学生正确学习观念的形成以及良好学习习惯的培养也有着积极的促进作用，这就要求中学语文教师重视并推动德育在中学语文教学中的渗透，从而促进学生的全面培养和发展。

（一）语文教学中渗透德育的意义

1. 语文学科自身具备较强的德育特点

中学语文教材内容是以各个时期的优秀诗词以及文章为主，其中，部分文章包含了作者喜怒哀愁等情感思绪，还有部分文章蕴藏着作者崇高的思想品质以及远大的理想抱负，也就是说中学语文教材中存在大量的德育元素。除此之外，中学语文教学任务除了字词句等基础知识的传授以外，还需要注重学生丰富内心情感、正确思想观念以及良好行为习惯等方面的培养，使得中学语文教学本身就存在一定的德育特征。

2. 有助于学生良好品德修养的培养

中学生正处于思想观念以及行为习惯形成的重要时期，而学生良好品德修养的培养也一直是中学教育阶段的重要任务之一，在中学语文教学中渗透德育内容，一方面可以促进中学生坚韧毅力、勇于面对挑战以及互助互爱等品质的培养，另一方面还可以促进中学生道德水平的提升以及良好个性、正确价值观的培养，对中学生正确学习观念的形成以及学习主观能动性的提升也有着重要意义。

3. 有助于中学语文学科教育目标的实现

新课标对中学语文学科提出的教学任务以及教学目标，其中有很多内容与德育目标相重合，比如，丰富内心情感以及正确思想观念的培养等。中学语文教师重视并加强德育在课堂教学环节的渗透，一方面可以更好地发挥中学语文学科本身的德育作用，另一方面还可以对中学语文课堂教学内容进行丰富以及合理扩展，对中学语文学科教学目标的实现有着重要意义。

（二）语文教学中德育渗透存在的问题

1. 语文教师的德育意识需提高

语文教师作为中学语文学科教学活动的组织者和执行者，其教学能力以及教学观念对中学语文学科德育内容渗透有着重要影响。目前，部分中学语文教师存在德育意识较为淡薄的现象，其原因是因为部分中学语文教师受传统教学观念的影响较深，将更多的时间和精力放在了教材基础知识讲解以及学生基本技能锻炼等方面，对学生品德思想的教育以及良好个性的发展没有给予足够的关注和重视，导致他们在课堂教学过程中往往会忽略德育内容的渗透，不仅难以充分发挥语文教材内容应有的德育作用，还容易对学生的学习感悟带来一定的影响。

2. 德育渗透方法不恰当

德育渗透方法不恰当是现如今中学语文学科德育渗透较为普遍的问题之一，主要体现在德育渗透较为随意以及德育渗透方式较为僵化等几个方面。

首先，部分中学语文教师对德育渗透内涵以及方法的了解较为片面，在设计相关教学方案时并没有仔细考量学生的认知能力等实际情况，也没有紧密贴合课堂教学内容以及学生生活实际，导致德育内容的渗透缺乏目的性以及计划性。

其次，还有部分中学语文教师在规划德育内容时，过于重视德育内容与课堂教学内容以及教学目标的相适性，却忽视了学生素质能力培养和生长发展需要，虽然能够一定程度地改善课堂教学氛围，但僵化、单一的德育教学方法不仅难以加深学生对德育内容的理解和感悟，还容易导致德育逐渐变得形式化。

（三）语文教学进行德育渗透的策略

1. 深入挖掘并充分利用教材中的德育元素

语文教材内容本身就具有非常强的德育价值，中学语文也是一门基础知识教学与德育相结合的学科，语文教师深入挖掘以及充分利用教材中的德育元素，不仅可以调动学生的课堂学习兴趣和学习专注度,并提高学生对教材内容的理解和记忆效果,还可以潜移默化地培养学生的正确思想观念。

2. 在实践教学活动中合理渗透德育内容

新课标对中学语文教学提出了新任务和新标准,这就要求语文教师加强对传统教学方法的突破与创新,根据课堂教学内容以及学生实际学习需要,为学生们适当设计一些户外实践教学活动,并在实践教学活动中合理渗透德育内容,不仅有助于学生语文学习兴趣以及自主探究兴趣的培养,也有助于德育效果的提升。

围绕课堂教学内容开展的实践教学活动,不仅可以更好地激发学生的思维活跃性以及教学活动参与主动性,并让学生通过亲身参与和自主探究等方式,加深学生对课文内容的理解以及记忆效果,还可以促进学生亲近大自然、保护大自然等观念以及良好行为习惯的养成。

3. 在课堂评价中渗透德育内容

语文教师作为中学语文课堂教学活动的组织者和引导者,除了需要做好基础知识传授等工作以外,课堂评价也是语文教师的重要工作之一,而课堂评价不只是对学生的课堂学习成果以及基础知识掌握程度进行了解,还包括课堂教学过程中的评价与鼓励。一方面可以通过语文教师的语言赞扬以及肢体动作,调动学生的课堂学习积极性和专注度;另一方面还可以通过语文教师的正确评价与指点,帮助学生真正认识并纠正自身存在的不足,从而促进学生正确学习观念以及良好学习习惯的形成。比如,语文教师在课堂教学过程中发现部分学生存在溜号等情况或学习状态较差等现象时,可以引导他们回答一些较为简单的课堂提问或阐述各自的观点,然后给予及时的赞扬和点评,借助这种更加平和的引导方法代替传统的说教方法,既可以集中他们的课堂学习注意力,还可以调动他们的课堂学习积极性。对于部分学生因性格内向或问题较难而导致回答磕磕绊绊等现象,语文教师可以采取帮助他们组织关键环节发言内容让其进行复述,并辅以语言鼓励的方式,让学生们的课堂发言更加完整、完善,这不仅有助于学生学习自信心以及学习主观能动性的培养,还可以促进德育内容在中学语文课堂中的渗透。

4. 在课后作业中渗透德育内容

课后作业是中学语文教学的重要环节之一,不仅是让学生们对课堂学习内容进行回顾和巩固,也是提升学生学习感悟的重要途径之一,语文教师应当重视课后作业实效性的提升,并在课后作业中合理渗透德育内容。

四、数学教学中德育渗透

过去的教学模式,采取各个教师负责各学科的形式。很多老师只负责自己学科内的知识传授,将德育工作视为班主任与思想政治老师的工作。而实际上每一个教育工作者都应该是德育工作者。"师者,传道授业解惑"。学生的德育工作是每一个老师都应该重视的事情。

(一)数学教学融入德育的重要性

一些班主任与思想政治老师主抓德育工作的方式是存在缺陷的。德育工作不仅仅是班主任与思想政治老师的事情,也不仅仅是这两类老师才能进行的工作。过去的德育工作存在形式单一的问题,多数时候都是在课堂上完成的。而德育工作应该多种多样,融于教学活动的方方面面。而借助学科开展德育工作的好处有很多,首先扩大了德育工作的范围。其次,数学这门学科,本身课程中含有很多能对学生进行德育工作的要素,且数学本身的逻辑性和严谨性,能为学生思想上的成熟提供助力。在数学教学中渗透德育内容,通过智育与德育有机结合的方式,使德育内容在潜移默化的过程中内化为学生的德育品质。

(二)在言传身教中开展德育工作

教师的行为举止在教学过程中极其重要,有可能给学生造成影响。回想那些被我们牢记的教师,之所以在我们心中留下深刻印象,从来不是因为他是数学或者英语老师,而是那些老师在教学过程中所体现出的敬业精神、无私的奉献精神,让我们深受触动。对我们思想观念的塑造起到了潜移默化地影响。有多少人是在教师的影响下走上了教师岗位,又有多少人因为老师爱上了一门学科,或者因为一个老师而讨厌一门学科。这都是值得我们警醒的。

在我们开展教学活动的过程中,要充分发挥教师的个人魅力,注重个人的言行举止,上课精神饱满,授课风趣幽默,有利于集中学生注意力和学习积极性的提升。使整个教学活动变得和谐、愉快。

(三)利用数学学科中的德育要素开展德育工作

在开展数学教学活动的过程中,要多融入与我们生活息息相关的要素。让学生从数学的角度直观感受我们国家的真实情况,通过数据去感受国家的繁荣富强,增强学生对其切身相关的生活环境的了解,增强爱国荣誉感,提升民族自信心。在给学生讲述数学发展历程的过程中,可以将数学方面有过大贡献的人放在课堂之中，例如，我国数学家祖冲之、华罗庚的故事等，培养他们学习数学的兴趣，在数学家的故事中学习到做人做事的道理。同时发挥典型的引领作用，让学生树立学习的榜样，提高他们学习的热情，赋予学习新的奋斗意义。

（四）通过创新教学方式开展德育工作

通过创新教学方式，采取多样化的教学方式来开展德育工作。在数学教学过程中，可以采取小组合作学习的方式，让学生在互帮互助的环境中提升学习成绩。同时引导他们善于合作的美好品德。在促进学习的过程中，养成为自己负责，为他人负责的责任意识。开展数学实践活动中让学生收集课与题相关的资料与数据，进行分析与计算，最终得出结论。让学生在实践的过程中，养成良好的学习习惯，提高数学能力。

德育工作是每一个教育者的工作，在实际教学过程中，不仅仅要注重学生的成绩，注重他们的应试能力，更要注重他们道德水平的提高。要在他们学习的过程中，培养他们不怕困难、刻苦钻研的学习精神。学生道德水平不仅仅是做人的基本素质，也是学习路上的推动剂。一个思想成熟稳定，道德水平高的学生，相信他在学习的道路上能够更加专注。

新时期课程改革的背景下，要求我们每个教师应加强自身修养，更新教育观念，改进授课方式，为新时期的教学事业添砖加瓦，一定要认真落实新课程标准的要求，在科学的教育理念指导下，开展德育教学工作。数学作为一门逻辑性很强的学科，要培养学生热爱数学的意识，不仅仅要依靠数学本身的魅力，更要依靠多种因素的相互影响。

五、德育与学科教学融合的策略

（一）课程统整，为德育学科渗透奠定基础

以学生的发展需求为重点，对学校课程进行统整，并辅以"微运行"的方式，逐步改变教师观念，在关注学科德育建设方面，进行一些尝试与探索。

对基础型、拓展型、探究型三类课程，进行"学域""学段""学程""学科"四方面的统整，确立以基础课程有效实施为前提、以拓展课程、探究型课程为外延的三类课程同心圆架构体系。"学域统整"是以基础型课程为基点，将学科的核心价值贯穿在三类课程的实施中。"学段统整"是以细化课程目标，落实《课程标准》为抓手，明确教学重难点，使教与学更有方向性。"学程统整"重在课

程实施与课程教学环节的统整,着眼于课程的有效实施。"学科统整"是通过教师跨学科合作开发课程,实现知识的无缝连接,更好地培养学生的学习兴趣与自主创新能力。

这样的课程设置不仅是对学生的升学考试负责,更能关注学生形成良好的生活态度心理品格,培养学生旺盛的求知欲以及处理信息的能力、交流合作的能力,为学生今后的发展奠定了坚实的基础。

为更好地发挥学科课程的德育功能,学校主要从创设健康课堂:融德育于日常教学变革听课评课、融德育于教学研讨关注关键事件、融德育于案例撰写三方面着手,积极探索德育学科渗透的微运行研究。

例如,在学科教学实施过程中,要求教师积极寻找德育的有效切入点,把学科教学目标与德育目标有机结合起来,将德育无痕融入日常教学。组建"基于课堂观察的听课"项目研究,变只听老师的教学过程为观察教师"教"与学生"学"的过程,使"以学生为本""关注学生发展"的观念深入每个教师内心,在学科建设中体现德育的核心内涵。同时,我们还以校报为平台,以撰写关键教育事件为方法,刊登教师研修中的教育心得经验反思。例如,《浅谈初中语文学科学生参与品质的提升》《老师的手是热的》——关注严重缺乏关爱与自信的学生;《其实你并不孤单》——透视社会实践活动中独自一人的学生心理;《他又不交作业了》——寻找解决学生偏科的方法⋯⋯从这些案例中,我们可以发现,教师们的学科德育意识正在不断加强,在教学过程中已经开始用心思考和研究相关的德育问题了。

(二)在基础型课程中推进课程育人

对于中学生而言,其具有系统化学科学习任务,为实现中学德育的常规化发展,应将德育元素渗透到学科课程教学中,以课堂为载体传递德育知识理念,使学生在学习理解学科知识的同时,受到德育理念的熏陶。德育元素存在于学科课程之中。学校把坚定理想信念、培养健全人格放在首位,重视课程"过程与方法、情感态度与价值观"的育人目标,深入挖掘蕴含在学科课程中的意义、思想、价值等德育元素和精神价值,培养学生纯净的情感、严谨的态度、执着的品质、理性的精神和健全的人格。

1. 明确学科相应的德育范畴

学科核心素养是学科育人价值的集中体现。语文学科通过"立言"来"立人",在写字的一撇一捺中感受祖国的汉字文化,在描红临帖的练字过程中培养一丝不苟的态度，在语言文字、传统文化的熏陶中热爱读书，学会负责任地表达，学会审美鉴赏与创造，形成积极的世界观、人生观和价值观；英语学科注重培养学生的国际视野、人文素养和多元文化的理解；数学学科加强对学生科学精神、科学方法、科学态度、探究能力、逻辑思维能力等的培养，形成严谨、理性、爱国、创新、求真的思想品质；体育、艺术等课程加强对学生审美情趣、健康体魄、意志品质和生活方式的培养，使之身心得到健康发展。

2. 尊重学科育人特点

进入教材的各课程资源承载着思想和感情内涵，需要我们树立科学的教育观，充分尊重各学科教学的育人特点，关注"过程与方法、情感态度与价值观"目标的落实，用科学的学习方法指导，剥开知识的内核，找到能够滋养、润泽、供给学生生命成长的思想价值和精神养料。学校根据各学科的学习资源，站在育人的角度去思考课程的开发实施与教学活动的设计，探索课前导学、分层教学、小组合作、分层作业、实践拓展等教学形式；发挥知识的育人功能，找到知识与道德的内在结合点，将"立根树人，崇德正心"的育人目标落实到各学科课程教学中；尊重学生独特真实的理解与感受，让学生置身于生活情境中体验、感悟、内化、提升，让学生感受道德的美好、学科的意义和生命成长的快乐。以此增强学生的学习能力，培养认真读书、自主学习、积极思考、善于交流、敢于质疑、独立完成、反思归纳等良好的学习习惯，努力让知识学习、能力发展与道德智慧生成实现有机统一和共同内生。

德育融入学科课程时，应根据学科特点确定德育侧重点，突出学科知识与德育之间的关联性，避免德育融入课程教学时形成突兀感。以初中语文课程为例，可将古诗词作为素材，使学生们感受古诗词文化，学习《邓稼先》《说和做——记闻一多先生言行片段》《终身做科学实验的爱迪生》等文章使学生学习人物精神，通过《黄河颂》《最后一课》《木兰诗》《土地的誓言》等课程培养学生的家国情怀风。此外，在中学数学、物理、化学等理科课程中，可融入数学史、物理史、化学史教育，使学生感受定理推演与验证期间科学家百折不挠的科学精神。在中学历史课程中，学生可通过学科知识的学习深入理解中华传统文化，培养学生文化认同感与民族自豪感，通过学习"侵略与反抗""中华民族的抗日战争"等单元，激发学生爱国主义精神，感悟红色历史情怀，并可在实现德育渗透教育的同时，进行党史教育。除上述科目外，美术、音乐等课程同样具备德育元素，能够进一步完善中学德育体系。与学科教育的衔接融合是德育的重要途径，可联合学科知识增强教育实效，深化学生对于德育知识的认知，使学生真切感受到德育理念。

3.把课程育人延伸到课堂之外

课后实践活动中的合作与互动，能促进学生心智能力、情感态度、品行修为、社会责任等多方面素质的综合发展。优秀的学生不仅要有学识，还要开朗、自信，不仅能把自己的事情做好，还能体谅、合作、互助。这些美好的修为要在实践中历练，在活动中发展。而走出课堂的实践学习活动能让每位学生的潜能得到自由、全面、和谐、可持续发展。

将中学德育课程和活动相结合，发挥育人功能。以德育课程促进学生全面发展为中心，课程育人与活动育人相结合，课堂中各学科充分发挥德育育人功能。德育课程有班会活动课、开学季、毕业季、实践活动课程等，各项课程做到专时专用，以此培养中学生爱祖国、爱劳动、讲文明、守纪律等优良品质。

第一，开学、毕业季课程，放飞青少年梦想。每学年，学校利用开学季课程，新生踏入学习梦想之门，聆听校长的爱国主义教育第一课，接纳家长、教师、同学们的祝福与寄语，在课程中知礼明志，让美好的品德在心灵扎根。

毕业季课程，强化学生爱国思想，帮助学生树立梦想、拥有远大的担当。既是让学生用自己虔诚的心，表达对祖国、母校、老师以及同窗的感恩，也是为他们中学生活留下浓重的一笔，让他们在活动中懂得要勇于担当、报效祖国，为实现伟大的中国梦而努力奋斗！

第二，实践活动课程，促进学生发展。学校做好顶层设计，推进实践活动课程。组织全体师生走进野生动物园、少年宫、中华耕织园、农耕文化体验中心、文化园、航天科普教育基地、天文馆等多个实践基地进行社会实践学习，让学生通过实践活动课程体验传统文化，培养学校爱国情怀、劳动品质、创新精神、实践能力等，将课程落到实处。

（三）把握学科德育的尺度

依据"内源——内趋——内化"的学科德育变化规律和过程特征，要求教师正确把握好学科德育"普适性和个别性、隐性和显性、预设性和生成性"三个尺度。

1.梳理教材，明确学科德育目标

学校将两纲教育作为教学设计、教学实施、课堂评价的重要内容。以学科教材单元为单位，积极挖掘教材中与两纲相关的重要知识点，将教学目标细化为知识与技能，过程与方法，情感、态度、价值观等三维目标。德育目标在各学科中一目了然，且利于对各科教材中边缘交叉的内容进行整合教学，提高了教育的有效性。

2.依据教材，落实学科德育目标

"三落实"的内容：充分利用课堂生成资源，紧扣教材，落实德育目标；精细挖掘教材的内涵，巧妙预设，落实德育目标，有条不紊；善于捕捉课堂事件，对症下药，落实德育目标，雪中送炭。

3.针对时契，拓展学科德育目标

结合学生年龄特点及身心发展特点，按照"总体目标，一以贯之；学段目标，各有侧重；年级目标，具体明确；情意兼顾，知行统一"的原则，将德育的各项内容进行有机整合与协同，以道德品德教育、安全法纪教育、心理健康教育、民族精神教育为横坐标，以各项要素的不同层次为纵坐标，按照整体性、有序性、动态性的原则，由浅入深、由低到高、由感性到理性、由具体到抽象进行合理部署与安排，做到"德育内容，循序渐进；德育目标规范，形成序列；要素完整，层次清楚；注意衔接，螺旋上升"。构建德育内容，形成校本德育内容体系。

（四）培养学生科学理性的素养

课程建设是学校教育的主阵地，课堂教学是学科德育的主渠道，课程在学科德育中扮演怎样的角色，是需要教育者认真思考、用心抉择的。任何学科知识、学科技能背后都蕴藏着一定的价值观念和道德内涵，只有每一位学科教师都有"人人都是德育工作者"的初心，都有把学科知识体系和学科价值体系、学科内容体系和学科方法体系、学科素养培育体系和立德树人要求体系相结合的育德能力，都有"为天地立心，为生民立命，为往圣继绝学，为万世开太平"的家国情怀，都有"学高为师，身正为范"的垂范意识和能力，才能真正培养学生具有科学理性的素养和对新时代学生应该具有的理想信念的认同。

第五章　中学校园文化建设

中学阶段是学生各项素质飞速发展的时期，也是人格迈向成熟的阶段，在中学阶段开展德育，可以提升学生的道德水平。保护学生远离社会不良因素的侵害，既是素质教育的要求，更是站在素质教育第一线的每一名教师的责任。因此，中学教师应当清楚认识到中学生德育工作的重要性，并且结合实际，在校园教学文化中渗透德育理念，使得学生通过德育消除不良情绪，坚定成长信念，改善行为习惯，以更加健康和阳光的面貌迎接日后的成长和发展。

校园文化有潜在的教育功能，它关系着学校的长远发展。校园文化可以反映一所学校的风貌，传递一个学校的办学思路，同时也体现学校教师、学生的世界观和价值观，是深化教育改革的强劲动力。推动校园文化建设，可以提升学校的办学品质，还可以彰显学校的办学宗旨、提高学校的办学质量。本章主要论述中学校园文化建设，分别介绍了校园文化的德育价值、校园文化建设的思考和繁荣校园文化的路径三方面内容。

第一节　校园文化的德育价值

如何改变学生不良的行为习惯，如何让学生形成基本的道德素养，如何培养和锻炼学生各方面的能力，如何让学生的才能和潜力得以发挥，如何让校园更具朝气和活力……这都需要通过营造良好的适合学生成长的氛围和环境来实现。

一、校园文化的认识

校园文化是不同于社会主体文化的亚文化，是指以大中小学校园为地理环境圈，以社会文化为背景，以学校管理和全体师生员工组成的校园人为主体，在学校教育、学习、生活、管理过程中的活动方式和活动结果。这种方式和结果以其特有的校园特色的物质形式和精神形式为外部表现，并影响和制约着校园人的活动和发展，它在培养学生的综合素质，优化育人环境，促进学校改革、发展与稳定方面起着非常重要的作用。

校园文化包含的内容非常多，涵盖学校"办学理念、办学特色、道德素养、传统文化的传承、生活方式等一系列丰富多彩的内容"。校园文化不仅仅是墙上多些图案和文字，不仅仅是路边多些花木和指示牌，不仅仅是围绕学生开展活动，它是学校的精神体现，是学校个性魅力和办学特色的体现，涵盖校园内所发生的一切文化现象，包括精神文化建设、物质文化建设及制度文化建设等。校园文化建设的定位对学校的精神风貌以及内在品质起着决定性作用。

优良的校园文化能营造积极、健康、向上的氛围，在潜移默化中给学生正确的导向，以此促进学生各方面素质的提升，培养积极向上的校园精神。面对新时期教育发展和新课改的需要，如何打造优良的校园文化环境更成为学校必须有效解决的一项重要课题。

二、校园文化的功能与价值

人生的路永远都是在认知、选择和行为上往复循环，不接受深刻的思想政治教育，容易偏离自我、迷失方向。特别是青年学生，如果只埋头读书，不抬头看路，尽管满腹经纶，也会无甚用处。因此，用思想政治武装头脑，用校园文化激励自己，才是人生成长的重要元素。

校园文化是社会主义精神文明的重要内容，深刻反映着学生的人生观和价值观，反映着学生的政治意识、理想信念、道德情操和学习态度。校园文化本身就是以学生为主体、以校园为空间、以文化活动为载体、以蓄积精神能量为目的，在与校园其他要素的深度融合中凝练成的具有时代气息、具有价值引领、具有鼓舞人心的文化氛围。随着我国国际地位的不断提升，与世界的交流更加活跃，一些西方不良思潮和腐朽文化逐渐向我国渗透，重点瞄准青年一代。青年学生正处于人生成长的十字路口，部分青年学生意志薄弱，辨识能力不强，容易被西方所谓的民主、人权文化所侵蚀。而培育校园文化就是为了正本清源，通过引人向上的人文氛围，使学生在潜移默化中感知中国共产党的正确领导，感受社会主义制度的优越性，从而激发强烈的爱国热情，增强学习动力，在厚积薄发中历练报效国家的真本事。

三、德育融入校园文化的重要性

现代德育是主体性、发展性的德育，它不仅要解决学生德性的认知问题，更要体现人、社会、自然和谐发展的要求。因此，在德育工作中确立以学生为本的观念，充分尊重、发挥学生的主体性，培养学生良好的道德品行，使之成为有理想、有道德、有文化、有纪律的社会主义合格建设者和接班人，单靠德育管理显然是做不到的。长期的德育工作实践证实，一所学校是否具有生命力和核心竞争力，能否培养出高素质的学生，学校文化具有决定性作用，文化是德育的目的也是内容反思。有必要从文化的角度来解析我们的德育管理。学生作为生活在组织（学校）中的人，必然受到组织文化也即校园文化的影响，德育管理者若不能树立"立德树人、文化育人"的正确德育管理思想或价值理念，势必将德育的功能窄化，陷入"管而不育""训而不育""教而不育"的泥沼，将德育管理陷于纷繁芜杂的具体事务中，无法实现文化内涵下的德育整合。德育工作不等于简单的德育管理，德育工作者不仅要在德育过程的组织与实施中充分发挥主导作用，而且必须致力于"德育价值的实现完全取决于满足学生的成长需要和主体参与德育过程的行为选择"目标的实现，更要努力建设学校显性的校园文化和隐性的校园文化，从物质文化层、制度文化层和精神文化层三个层面将校园文化这棵大树培育枝繁叶茂，而核心则是精神文化。若无深层次的心理认同，物质层、制度层都将流于空泛，无从附着。因此，德育工作者要跳出德育看德育，从更高的层面上实现德育与诸育的整合，实现内容与形式的统一，真正做到文化育人、文化立校。

四、校园文化建设推进德育

（一）精神观念文化建设

校园环境是青少年学生成长、发展的"微观环境"，它由物质环境和精神环境两部分组成。前者是校园文化的载体，后者是校园环境的本质内容。校园精神环境对学生的成长起着价值导向、智能发展、身心健康、审美陶冶、特长培养等方面的作用。

校风建设是校园精神文化最重要的内容。建立民主、合作、竞争的校风，它在教育和管理上具有特殊作用，具有一股巨大的同化力、促进力和约束力，是一种精神力量和优良传统，是培养学生良好习惯的保证。

校园的人际关系是学校精神文化建设的支点。建立互助和谐的人际关系，它能增强学校的向心力和凝聚力。如果学校重视校园精神环境建设这一隐性课程，不但能净化学校的育人环境，而且对促进学生身心健康成长，对人才培养起了催化剂的作用。

（二）校园亚文化建设

相对独立的校园亚文化建设，丰富了校园主题文化的内涵。它们共同支撑着校园文化这棵参天大树。校园亚文化建设有多方面表现形式，从文化群体看，有教师文化、学生文化、领导者文化；从文化的组织形式看，有班级文化、团队文化、自由群体文化；从文化的内容看，有课堂文化、活动文化、休闲文化等。只有真正抓实抓好这些亚文化建设，才能使校园文化真正充满生机活力。

1. 班级文化建设促进学生个性化发展

不同个性特长的教师，根据不同的班级，不同的学生发展情况，构建适合自己操作样式并形成某种类型的班级建设模式。

（1）制度型：有经验的老班主任认为，班集体如果没有强有力的约束力，学生就如同一盘散沙。所以，他们特别重视班级制度建设，制定一套行之有效的班级管理制度。晨读、出操、值日、听课、作业、课外活动、干部职责等，每一项都有明令规定，并有相应的奖惩措施。让学生有章可依，有规可循。

（2）民主型：班主任变换传统角色，走向学生，当学生的朋友，带领学生开展班级工作。每一件事都经过酝酿、讨论、实施、评价等几个步骤。活动时，允许不同观点竞争较量，讨论切磋，相互激活，批评与反批评。这样的班级，虽看不出明显的工作效率，但学生办事积极性高，团结协作气氛浓，学生的工作能力得到了充分的锻炼。

（3）活动型：这种班级以学校活动作为班级工作目标，全面铺开，逐一追求。在活动中达成共识，凝成向心力。而活动成功，又能促进其他方面的进步，得到意外收获。从而形成良性循环，形成积极向上的班风，使班集体越来越趋向成熟。适合这种模式的往往是活动能力偏强的班级。

2. 团委、学生会文化制度推动学生素质教育

学校开展的"学生自主管理"活动是学校对学生进行素质教育的一个重要手段，它可以对学生进行养成教育，健全学生的人格。学校建立健全学生会组织机构，成立了"学生自主管理"指导小组。由校党支部、德育处、团委等学校各部门共同组成，并在学生中成立"学生自主管理委员会"参与学校的管理工作，共同商讨值周计划，班风评比细则。在德育处、团委、学生会的组织与领导下，每周都有班级学生值周，对全校各班的纪律、卫生、劳动、出勤等各项进行量化评比。做到学生自我监督、互相监督，使学生能自觉遵守《中学生日常行为规范》。到学年末，根据每学期班级的量化总评，作为评选各级的先进班级重要依据，并

落实奖励措施。

3. 兴趣活动文化促进学生特长发展

学校有目的、有计划地开展一些文艺、体育、科技、学科兴趣小组形式的活动，可以发现学生的特长，培养学生的兴趣，挖掘学生的潜能，促进其特长的发展。因此，学校应广泛开设社团，接纳有兴趣的每一个学生。学校设立美术、音乐、舞蹈、篮球等多个社团。社团活动做到"五定"，定辅导老师，定活动地点，定活动时间，定活动内容，定参加人员。社团给予学生一展身手的舞台。

4. 休闲文化促进学生健康发展

休闲活动是一块阵地，如果任其"休闲"，异质文化便会乘虚而入，因此学校要最大可能地延续学校健康活动：（1）每学期组织几次主题活动。这些活动的准备、参与过程，学生感受真切，印象深刻，是单纯的说教无法比拟的。（2）系列读书活动也是引导学生健康休闲的措施。学校不仅最大可能发挥校图书室、阅览室功能，而且在班级设立图书角，由班干部具体负责借阅工作。（3）各种活动征集方案，像校徽、校歌征集，不仅增强了学生的主体参与意识、竞争意识、合作意识与创新意识，更使休闲文化向积极的维度推进。（4）学校引入校园网络，开办学校内部闭路电视台，定期向学生展播，同时广泛开展视评，进行正确的休闲文化导向，把学生喜闻乐见的娱乐形式纳入学校的正向轨道。

第二节 校园文化建设的思考

校园文化环境对学生的影响不容忽视。学校在举办丰富多彩的文化活动的同时，应使文化内容朝着更加优质的方向发展。学校可以发挥校园自媒体的作用，宣传新时代的先进事迹，利用榜样示范法影响学生的思想与行为。通过本校的社团组织学生观看和红色文化相关的影视佳作，使学生在轻松愉快的氛围中接受德育。学校也可以邀请校外专家定期举办讲座，与时俱进地向学生传授思想政治知识等。学校还可以利用宣传栏进行主流意识形态的传播，让学生耳濡目染，达到提高德育实效性的目的。

一、校园文化建设现状及存在问题分析

学校重视校园文化建设，把加强校园文化建设作为一项重点工作来抓。把握方向，发挥优势，将校园文化建设与人文精神建设相结合，并渗透到学校的各项

管理中，构建和谐的发展环境，但在实施过程中也出现了一系列问题，需要我们探索研究。

（一）校园文化建设现状

1. 注重培育精神文化

通过建设校园网、橱窗、宣教栏、黑板报等宣传教育阵地，营造和谐进取的精神文化氛围，促使广大师生始终保持积极进取的态势。学校开设社团课并定期开展各类主题教育活动，内容和形式丰富多彩，打造积极健康的活动文化，大大丰富了校园文化生活。

2. 重视物质文化建设

充分发挥环境的教育功能，以"文明校园"创建为契机，美化校园环境，提升校园硬件设施，加大校园亮化工程的力度，形成独特的校园文化景观，营造浓郁的人文氛围。

3. 建构完善的制度文化

大力推行学校制度建设，探究制度建设改革的新方向，狠抓学校校风建设、学风建设和教风建设；完善各项规章制度，优化学生管理，提升后勤服务质量，学校的整体管理水平得到提高。

（二）存在的问题分析

1. 载体比较单一

目前校园文化更多的是依托活动文化，通过丰富多彩、形式多样的活动来推进校园文化建设。校园的人文景观还处在起步阶段，比较单调。当前，学校间校园文化的趋同化现象比较突出，使校园文化同质化，无法凸显个性和特色。苏霍姆林斯基曾说："我们的教育应当使每一面墙都说话。"校园中的一草一木、一楼一石、一墙一砖都应成为文化的载体，校园的每一个角落都是文化与成长的对话。

2. 缺乏系统性规划

加强校园文化建设是一个长期系统工程，也是一个循序渐进、不断积累的过程。校园文化建设应当有一个长期规划和发展思路，依靠学校的管理者，通过教师和学生共同传承和发展，形成一套体系，从而有效推进素质教育的发展。

3. 缺少历史积淀的梳理

校园文化是学校精神的体现，每个学校办学都应结合自身特点，充分挖掘校史资源，彰显历史积淀。校园文化建设需要学校领导、教师、学生一代代地传承下去，为了同一个目标而努力。每个学校都有明确的办学宗旨，这也是学校的立校之本。学校的每任管理者都应明确目标，并以此为基石，制定符合学校的管理制度和原则，经过不断修改、创新、完善，代代相传，由此形成校园文化建设的完整体系。

二、校园文化建设的必要性

今天的学生，即明天的社会人，未来的社会是人文主义精神浓郁、知识经济特征显现的社会。这样的社会必然要求其成员既具有深厚的传统人文素养，又具有适应时代发展的各种能力。因此，教育的要义不仅在于"制器"，而更在于"育人"，即在给学生传授各种专门知识的同时，更要促进学生智慧地生成和德性的养成，由此增进学生对社会的关怀，对人类精神价值的思索，最终养成广阔的视野，完满的人格。学校作为人才培养的摇篮，就必须把学生全面、自主、充分发展作为育人的根本目标放在至关重要的地位。要实现这些，良好的校园文化建设在学校德育中占有至关重要的地位。因为它能够实现学校德育的创新，它具有调节学生心境、陶冶学生情操和塑造学生性格等德育功能，在促进学生道德内化方面有着独特的优势。柯尔伯格认为它"是一种真正的道德教育课程，是一种比其他任何课程更有影响的课程"。校园文化建设要坚持以生为本，体现无痕教育。学生的发展是校园文化的核心。因此，各项校园文化建设只有坚持一切为了学生，高度尊重学生，全面依靠学生的观念，才能更好地发挥校园文化在育人中的独特作用。

三、校园文化建设的原则和目标

（一）建设原则

坚持社会主义核心价值体系，以人为本，突出文化育人功能；坚持贴近时代发展、贴近任务使命、贴近师生实际，全员参与、共建共享；坚持历史传承与发展创新相结合，体现文化建设的时代特征，彰显校园文化的鲜明特色；坚持整体规划与分步实施相统一，不断完善校园文化建设的长效机制。

（二）建设目标

通过加强校园文化建设，进一步传承、弘扬和创新学校精神，形成具有深刻历史内涵、鲜明时代精神、浓郁校园特色的学校文化；不断满足广大师生日益增长的精神文化需求,真正形成"关爱学生、尊重学者、崇尚学术"的校园文化氛围;进一步提升全校师生的人文素养和科学精神,不断增强校园文化的影响力和辐射力,有力提高学校的核心竞争力和创新能力。

四、校园文化建设的主要内容

学校将重点从精神文化、制度文化、行为文化和环境文化四个方面来大力加强和全面推进校园文化建设。

(一)加强精神文化建设

精神文化是校园文化建设的核心,是引领和感召全校师生员工奋发向上、开拓进取的内在动力。在精神文化建设方面,结合学校新的形势和任务,进一步凝练学校精神,增强学校精神文化的凝聚力和感召力,提高广大师生的文化自觉和文化自信;进一步传承创新办学理念和价值追求,引领校园风尚,增强师生的认同感和归属感;认真践行校训,进一步加强教风、学风和工作作风建设,积极培育和塑造优良的学校文化精神。

(二)加强制度文化建设

文化建设只有从观念价值固化为制度形态,才能在实践中持续发挥作用。加强制度文化建设是推进现代学校制度建设的重要内容和主要途径。强化制度意识,增强制度的权威性和严肃性,在全校形成依法办学、依章治校的良好局面;积极探索教授治学、民主管理的有效途径,探索构建各类监督评价机制、创新型人才培养机制和科学的师资引进、培养机制;积极探索建立鼓励创新的制度体系,以制度建设引领和鼓励师生的创新实践,努力建立符合学校精神和时代要求的先进学校制度,推动和促进学校各项工作健康发展。

(三)加强行为文化建设

学校文化建设的水平,最终要落实和体现在广大师生员工的行为之中。在行为文化建设过程中,不断强化自律,注重养成,把理想信念、价值追求、办学理念内化为师生的自觉行动。加强教师职业道德建设,提高职业行为素养,以良好的人格魅力和学术魅力影响和教育学生;引导学生自觉遵守中学生行为准则,热爱科学、追求真理,自觉抵制浮躁风气和不端行为,注重文明行为的养成;积极挖掘和选出先进典型,充分发挥典型的示范、激励和教育作用,促进师生员工思想道德素质、科学文化素质和身心健康素质协调发展；积极开展精神文明创建活动，激励广大师生做社会主义核心价值观的践行者、推动者。

（四）加强环境文化建设

校园是学校开展人才培养和科学研究工作的空间依托，校园环境与景观文化是中学文化的物质载体。在建设学校的环境文化方面应当着重从学生周边的学习环境入手对学生进行培养和提升。如对于教室内部的环境应当张贴相应的标语以便于能够潜移默化地对学生产生影响，此外，教师在培养学生的过程中也应当着重对学生周边的环境卫生情况进行检查，保障学生能够在干净整洁的环境中进行学习。

五、关于加强校园文化建设的几点设想

校园是文明传承之地、教学相长之所。学校应始终重视校园文化建设，以"尚美引领学生健康成长"为抓手，充分利用各种有效载体积极推进校园文化建设，全力建设"人文和谐、积极向上"的精神文化，"科学民主、系统完备"的制度文化，"规范有序、自我约束"的行为文化，"典雅别致、舒适大气"的环境文化和"个性鲜明、内涵丰富"的特色文化，让学生在学习和生活之余，不仅能接受先进文化的熏陶，还能感受文明风尚的风采，使学生的身心得到健康发展，有效促进学校德育建设，营造浓厚的校园文化建设氛围，构建起和谐、文明的校园。

（一）依托环境建设，极力打造和谐校园环境

绿化、美化、净化校园环境是良好的校园文化和精神文明的一个重要标志。教师是教育者，环境也是教育者。当前，政府相关部门都意识到校园环境建设的重要性，对学校建设加大投资力度，学校也出台相关措施积极推进校园文化建设。如今，校园内绿化布局合理，文化长廊、碑石题词、尚美之星展示、尚美活动风采展示、学生作品展示、美德格言、内容各异的警示牌、宣教栏等构成了一道道亮丽的人文风景线，形成了独特的校园文化景观，渗透在校园的各个角落，发挥着育人的功能，成为陪伴学生健康发展的永恒教材。

教室是学生在校学习生活的重要场所，也是校园环境文化的重要组成部分。在每个教室中都摆放绿植，设置图书角，定期更换图书供学生阅读，形成浓厚的读书氛围，为学生创造优雅的学习环境。每班的黑板报就是最好的文化墙，学生在无声中接受着文化熏陶。

（二）依靠制度建设，强化学校制度文化

制度规范行为，制度是学校办学理念的外部体现，是文化的物质基础。学校应当结合自己的历史及特色，在学校制度文化建设方面予以高度重视，保障学校的教育卓有成效地开展，建立健全各项规章制度，加强教学管理，狠抓落实，并内化自律，建立起一套行之有效的自我管理的制度文化，营造良好的校园氛围，形成良好校风，促进学校发展。

（三）培育课堂文化，促进优良学风

课堂是校园生活最核心的部分，通过课堂这一载体来呈现校园文化意义深远，特别是对学校优良文化风气的形成尤为关键。为此，教师首先要做到把微笑带进课堂，把关爱带进课堂，把专业教学带进课堂，搭建并充分利用好课堂这个平台，不断提高渗透教育水平，展现学校"修身、敬业、奉献"的文化精髓。同时注重引导和激发学生的发散性思维，扩充知识面，真正做到"乐学、善思、求真"。

（四）落实活动开展，丰富校园文化生活

学校应注重多层次地挖掘校园活动的实施途径，如每周一次的升国旗活动是对全体师生心灵的震撼和净化，每一次升旗都是一次生动的爱国主义教育。学校把升国旗仪式、主题班会、主题活动都作为校园文化生活的一部分，让学校的各项建设计划和规章制度的实施更加深入人心。

学校应充分利用各种途径做好校园的宣传报道，建立正确的舆论导向，及时报道校园热点，真正让学生在这个乐园中学知识、受教育；通过入学课程增强学生自我教育、自我管理、自我服务、自我约束的能力；举办丰富多彩的主题活动，以促进学生勤奋学习、快乐生活、全面发展；把社会实践作为学校生活的延伸，把艺术节、体育节、社团活动等作为校园文化活动的有机组成部分，为学生的课余生活添彩，为学生搭建展示才华的舞台，充分发挥实践体验式教育的特点，真正做到在活动中训练人、锻炼人，综合展现校园文化内涵。

（五）以全员行动为载体，形成一种文化阵地

学校重视校园文化，关注教师人文素养的提升，规范教律的教育行为和教学行为，要求教师尊重学生人格，关爱学生；通过家校携手，共同关注学生的行为规范，使之成为一种习惯。这样，自上而下内化校园文化内涵所在，为校园文化建设奠定基础。

校园文化建设是一项长期的、复杂的系统工程，需要实践和思考的问题还很多，只要在思想上高度重视，在实践中不断摸索和总结，创新思路，大胆构想，常抓不懈，紧紧围绕"伴我成长"这一抓手，学校的校园文化建设就会取得重大突破，会朝着更高的方向不断飞跃和发展，也必能成为学校德育建设的重要手段、实现学校可持续发展的推动力。

第三节 繁荣校园文化的路径

一、明确办学理念，唤醒文化认同

学校文化的形成或建设主要有历史积淀和实践创造两种途径。这两种途径往往是并存交织在一起的。历史积淀，是指学校在长期办学实践中的价值取向、行为方式自然形成的一种文化传统，这是一个不以人的意志为转移的客观过程。实践创造，是指学校在办学实践中自觉选择的价值取向、自我规范的行为方式并长期坚持而形成的文化传统，这是一个自觉自主建构的过程。在学校自觉选择自主建构的过程中，学校自主选择的价值取向至关重要，尤其是办学理念，它回答的是"办什么样的学校"和"怎样办学校"这两个最核心的问题。学校的办学理念必须兼具科学性、前瞻性与可操作性，为学校文化建设的形成奠定了扎实根基。

以龙岗学校为例分析，在育人目标上，龙岗学校将汉中悠久的传统历史文化积淀与现代教育理念进行有机结合，设定为"为中华民族培育时代英才"。这一目标立足当下而志在将来，根系汉中而胸怀天下，展现了小地方有大教育、出三秦而观天下的办学气魄和社会担当。同时，学校对为中华民族培育的"时代英才"的内涵进行了阐述，即培养既有报效祖国的民族情怀，又有服务人类的国际视野的时代栋梁和民族骄子，重点培养五个方面的特质：热爱中华文化，维护国家利益；心理健全，情商良好；人文知识全面，综合素养卓越；科学知识扎实，创新思维突出；具有国际眼光和国际交流能力。通过对"时代英才"的内涵界定可以看出，学校对育人目标的设定，强调成"才"先要成"人"。成"才"的核心在于思维、在于创新、在于综合。这不仅符合人的身心发展规律，也符合教育教学规律，符合社会经济发展规律，能够更多地被社会、被家长、被师生所认同。只有被广泛认同，理念目标才能更好更切实地发挥引领学校发展的实际力量。

二、依托发展愿景，激励文化践行

学校愿景，是一所学校的教师共同希冀与持有的学校未来发展的景象，体现了学校发展的核心价值理念，是大家愿意看到的、愿意为之努力的、通过努力可以一步一步接近的学校发展目标。以龙岗学校为例来分析，从 2008 年创校之初，龙岗学校提出用三个"十年"进入学校发展的"初级阶段"，明确了这三个"十年"的奋斗目标，即从创业期的汉中一流，到发展期的陕西一流，从站起来到强起来，再到伟大起来。三个"十年"的发展目标，既透射出从"民校"到"名校"的雄心壮志，又蕴含拾级而上稳步前进的求实精神，感召和点燃了全校师生心底里蕴藏着的能量和激情，有效凝聚了师生的人心和智慧。三个"十年"的发展目标，既融合了学校发展的价值取向，又体现了学校发展的价值追求，全校师生为实现目标努力奋斗、将愿景变成现实的过程，成为一种文化践行的过程和一种文化创造的过程。

三、加强环境建设，强化文化内涵

中学生既是校园环境的受体，也是校园环境的主体。学生品德形成的过程是学生与环境互动的过程，是学生通过对环境的感知、内化并进行价值判断和选择的过程。

《辞海》对"环境"的解释：一是指环绕所辖的区域，二是指围绕着人类的外部世界，是人类赖以生存和发展的社会和物质条件的综合体。在教育学中，"环境"是指自然环境和社会环境，也指人们生活周围存在的客观事实。

所谓德育环境是指影响人的思想政治道德素质形成、发展和人的德育活动的一切外部因素的总和。学校德育环境是教育者为实现德育目标在学校内部对学生的道德品质产生直接或间接影响的各种物质、精神等因素有机构成的总和。例如，由语言文字构成的知识环境、由良好人际关系构成的精神环境、由具体事物构成的物质环境等。

环境育人是通过文化环境元素来达到培育人、教育人、影响人的目的，它是一种"境教"，其特征是开放性、全息性、渗透性、情景性、参与性、深刻性等。本文认为中学德育环境是指作为道德活动主体的中学生在校园内感受到的并影响其品德发展与变化的各种外部因素的总和，包括精神环境（价值观），如校徽、校训、校歌；制度环境（管理），如规范、章程、守则；物质环境（实体），如校园建筑风格、教室物品的陈列；知识环境（信息），如优秀传统文化；行为环境

（交往），如教师间、学生间的关系等。基于文化育人理念下的中学德育环境，是强调学校环境建设的文化特质、意蕴，具有文化品位的校园环境一定是具有育人价值的，非同于一般意义上自然生态环境的意思。

校园环境建设，既是一种形象直观的教育载体，又具有隐性的教育功能。校园宏伟的立体形象和人文景观本身就是一种无声的语言和昭示，能够在潜移默化中影响学生的学习态度、思想境界和道德情操。校园内各种物质景观所折射出的精神内涵深刻展现出学校的厚重历史，喻示着校园文化的厚重底蕴，具有强大的德育功能。教育者要对这些物质景观进行艺术设计和科学布局，并与学校的历史传统、校风、学风等思想文化内涵科学整合起来，形成外塑形象、内练素质的校园文化，潜移默化地影响学生。

校园物质环境不能机械、独立地存在于校园内，只有将物质文化内化为精神文化，才能更好地发挥其教育功能。因为，显性建议是直观正面的，可以使学生立即接受某种观念，而内化后的精神文化通过"迂回"和"渗透"，其潜在的隐性功能能够达到长期的教育效果。雄伟的建筑可以讲故事，参天大树可以立志气，花木小草可以抒情怀，只有从物质文化中发掘出培养学生思想品德的教育功能，使两者有效衔接，才能使德育的形式更丰富、内容更完美、效果更持久。校园人文景观的设置要充分体现文化主题和教育理念，体现校园特色，通过活泼、开明的学习生活氛围，为学生更自主地接受技能培训和德育奠定环境基础。

四、重视校园文化，营造德育氛围

学校需要重视校园文化的建设，学校的领导和老师可以将"文明"为主题对校园的每一个角落进行文化创建，着重对学生进行中华优秀传统文化的渗透，让学生从小感受我国传统文化的魅力，自觉继承中华优秀传统美德，使他们得到心灵的熏染和净化，完善校园中的精神文明建设。同时，除了推进表层校园文化建设外，学校还应该注重课程改革的深化，完善学校内的德育，使其内容更加连贯，确保德育活动向社团形式和课程形式靠拢。教师要重视德育与生活实际的联系，深入挖掘学校及其所在地区的文化资源，构成具有特色的校园文化内涵。

增加校园德育的学习氛围，对于学生的品德发展和心理健康来说是十分有益的。德育氛围的增强，为学生的学习环境提供了良好的条件，也为教师进行教学工作提供了更多的便利。良好的德育氛围，是学生优良品行的体现。教师更应以身作则，为学生做好道德表率。这种德育氛围不仅需要师生的共同努力来营造，还需要学校的大力支持。学校在校园的环境建设方面，需要对德育方面进行强调，让德育的理念在校园四处都能得到彰显。例如，学校可以设置专门的德育文化墙，让学生在课余可以进行参观、学习。学校也可以在楼道两旁粘贴品德相关的名言警句，给学生以警醒。校园中浓厚的德育氛围，可以让学生明白品德形成的必要性，提高德育的教学效率。

五、构建制度文化，增强自觉自律

制度文化建设是思想政治教育的重要保障，它与学生的思想和行为相辅相成。因此，学校要通过完善的制度体系来发展和丰富校园文化，以确保校园文化的持续性和有效性。

第一，要建立健全各项管理制度，包括教职员工岗位职责、管理办法，学生的学习、纪律、作息、安全、卫生和评价等方面的制度。制度条款应该上墙，并编制成册，人手一份。

第二，制度的建立要与办学目标相统一，新时期教育教学要充分体现"以人为本"，集中反映学校管理者的思想观点和价值取向。要做到宽严相济，既有严格的学业保障，又要体现人文关怀。其中，激励是不可或缺的重要内容。科学合理的激励制度能够鞭策后进，鼓舞先进，因此制度要具有奖励、约束和惩戒的作用。

第三，要善于捕捉潜质生的闪光点，对于其每一个微小的进步都要给予表扬和鼓励，使其感受到校园文化的温暖，从而在学习上保持高度的自觉性，在行为上保持高度的自律性。学生自觉、自律和自强的思想行为一旦形成，必然会锻造出奋发向上的精神和勇气，"制度育人""管理育人"的作用就能得以发挥。

六、挖掘学科价值，创设活动文化

积极开展学科育人价值研究工作，通过充分发挥学科骨干老师的引领和辐射作用，使学科教师对课堂教学中"情感、态度、价值观"目标的设计和实践成为自觉，更关注学生学习的过程和有效方式；通过学科德育课题的完成过程，对课堂教学的引领作用，让学科教师对学科教学的育人价值和途径，有了更深刻的认识和理解，更注重知识的传递方式和教学组织形式；通过充分运用学科课堂、拓展课堂、活动课堂等时间与空间，依托学科教研组，结合课堂教学的内容，进行德育课程开发和实践，让学科教师更关注学生的全面发展和个性发展，更能促进学生德性的养成。

在课堂教学、拓展活动中，能自觉整合德育资源教书育人，让学生感受到学习的乐趣，感受到知识的价值；教师在教学中严谨治学和敬业精神，在学校生活中体现的人生准则和处事规范，成为学生的示范和榜样，促进了师生的共同和谐发展。

学校应以主题月教育为载体，校园文化建设为主线，以温馨教室建设为切入口，以争创特色学校为抓手，以"走出去，请进来"形式，充分利用重大节日、毕业典礼、入队入团等重要事件和重要人物纪念日等契机，依托烈士陵园、校外活动基地，精心组织实施以爱国主义教育为重点、以民族精神教育为主旋律、以法治教育和生命健康教育为支撑的各项主体性德育活动，让学生在活动文化中，体验和感悟社会主义核心价值观，从而自觉接受道德行为教育，提升自身行为规范的水平，形成良好的道德素养，促进个性发展。

途径1：环境育人，营造学生成长的良好空间。

在有限的校园空间内，学校重视校训牌、纪念物、雕塑、荣誉室、紫藤架、凉亭、文化橱窗等校园文化环境建设，体现处处育人。

途径2：活动育人，构建学生成长的良好格局。

学校充分利用各种契机，整合各种资源，开展系列化德育活动，来培养学生的品质，体现出以下的特性。

（1）主体性

在各种活动中，学校充分发挥团支部、班级社团等基层组织的能动作用，让学生在充分的时间和空间中，自主设计、组织，主动探寻知识，在实践、体验中学做人、学做事，锻炼创新思维和实践能力，感受成长的快乐。例如：每周的升旗仪式活动，从主持稿和发言稿的撰写、主持、发言等所有的环节都让学生来完成，其他的如值周活动、社团活动等，也都是如此。

（2）地域性

学校在组织各项活动中，注重校内外结合，借助各种社会资源和家长资源，深入挖掘本地丰富多彩的地域文化和特色资源，将"源头活水"引进课堂，让学生在参与、体验各种活动过程中，以开放的自然状态，潜移默化地接受教育，使德育无痕。

（3）针对性

尊重学生主体，了解学生特点，针对不同类型班级、不同个性群体开展不同的活动才是符合教育教学规律的科学的学生教育活动。为此，根据不同年级学生的思想和心理特点，学校需要具体分解德育目标，基本确定分年级的学生德育活动主题和内容，使活动更有针对性，让不同学生在不同的活动中体验、感悟、成长。例如，同样是责任教育，预初年级的主题是"对自己负责"，初一年级的主题是"对学校负责"，初二年级的主题是"对社会负责"，初三年级的主题是"积极进取，勇攀高峰"，并以此设计开展相应的活动。

（4）有效性

为了使活动形式更贴近学生，更有实效，在各项活动开展以后，学校需要通过问卷调查的形式，让全校学生对活动进行评估，评判活动的效果，提出自己的建议等，以此来调整活动的内容和形式，满足学生的需求。例如，在学生的开学典礼、毕业典礼等主题活动中，根据学生的问卷和建议，邀请家长参与，家长的言传身教，极大地感染了学生，收到良好的教育效果。

七、创建良好的教室环境和网络环境

教室，是教学活动的主要场所，是学生在学校的"家"。什么样的教室才算"温馨"的呢？起初师生认为，"温馨"这两个字表面上看来应该是指环境布置。于是，各班积极开动脑筋、出谋划策想出各种点子来装扮教室，努力体现温馨的氛围。但是，当外在的东西呈现在大家面前的时候，仍觉得还缺少点什么。因此，德育主任在指导全体班主任开展"温馨教室"建设的过程中，除了建设"温馨教室"的硬环境之外，更重要的是需要各班创建"温馨教室"的软环境，让学生真正感觉班集体是自己在学校的"家"。学校通过在开展"温馨教室"建设过程中的温馨故事的撰写和演讲来提升"软环境"的建设，找寻来自内心的温馨感觉，以充满"温馨"的批评帮助学生建立自尊和自信，从而将温馨的"家"建立在每一个学生心中。

用真心拉近师生的心理距离，减轻对方的心理对抗，进而运用长期积累下来的教育艺术，选择恰当的时间、地点和方法开展"温馨"的交流，这样才能达到教育的目的，产生一点即通、一言即悟的效果。"软环境"的建设，其实就是人与人之间的和谐相处，在相处的过程中运用教育的艺术帮助处于青少年时期的学生健康快乐地成长。"健康"不仅是学生身体的健康，更是学生思想和心理的健康。一所学校以班级为单位，以班主任为首的教师团队，若人人能以一名德育工作者的姿态，运用真情与智慧的批评艺术，用温馨与关爱的语言艺术与学生建立起相互尊重、相互理解的新型师生关系，那么在温馨的"家"里长大的学生一定能逐步树立正确的是非观念，形成自信、尊重、宽容、感恩等积极的心理情绪。

整合学校网络资源，集中建立一批融思想性、艺术性、知识性和服务性于一体的网站，大力开展网络文化活动，充分发挥好网络思想政治教育功能，构建网络教育新平台。积极开展以研判、分析校内外热点舆情为重点的"网络舆情专题分析研究"工作，加强网上舆论监管和引导，着力构建安全、稳定、高效的网络信息化平台，形成健康和谐的校园网络环境。加大对网络文化建设者队伍的培训和学习力度，加强大学生传媒中心建设，积极构建高效文化传播体系，努力为学校事业发展营造良好的舆论文化环境。

八、将慈孝文化融入校园文化建设

弘扬中华民族传统美德是以人为本教育思想的具体体现，将慈孝文化融入校园文化建设，提高学生感恩社会、感恩家庭、关爱自然是构建和谐校园的必要内容。

众所周知，文化在国家、民族发展建设中的重要作用。孝道是中华民族的传统美德，继承并发扬中华民族的优秀传统、与时俱进推动学校慈孝文化建设是构建和谐社会、加强精神文明的必然选择，是马克思主义中国化与中国优秀传统文化、社会主义精神文明的完美契合。结合当代中国精神文化现实和学生思想道德现状，我们不难发现在学校开展孝道与感恩教育的重要意义。

弘扬和提倡孝道精神对于构建和谐社会有着双重意义。对孝文化的研究、对孝道的提倡，有利于促进社会主义精神文明建设。在中学生中开展孝道教育，是全面提升学生思想道德修养的有效途径。学校要认识到自身所承担的光荣使命，要以马克思主义人学理论和社会主义核心价值体系为指导思想，在"孝文化"、慈善文化的传播与研究领域有所建树，在学校广大师生中弘扬慈孝文化精神，为校园文化建设注入新内容、新内涵，为社会主义精神文明建设贡献力量。而学校则是要让学生意识到慈孝传统文化的重要性，并养成孝敬父母、尊重他人、爱护他人的慈孝行为。

第六章　中学德育工作建设展望

党的十九大为我们指明了培养什么样的人、由谁来培养和怎样培养人的思想、方法和路径，这对学生德育工作具有重大现实意义和深远历史意义。本章主要论述中学德育工作建设展望，内容包括中学德育工作面临的新挑战、中学德育工作建设思考和策略、中学德育工作建设的发展趋势。

第一节　中学德育工作面临的新挑战

进入 21 世纪以来，新媒体技术促进信息快速便捷传播，给社会民众的生活工作带来巨大影响。新媒体技术也影响着中学德育管理工作。青少年是国家的未来、民族的希望，德育对青少年的发展起着举足轻重的作用。新媒体的盛行使德育环境发生了较大改变，给德育的发展创造了条件，但同时德育主体也面临着更大的挑战。为了更好地开展中学德育工作，必须从家庭德育环境、德育主体、德育模式三个方面入手，将新媒体更好地融入德育的各个过程中。

新媒体技术在网络上已经形成了一种全新的教学模式。在这种新型的环境下，教师与学生的沟通方式发生了巨大的变化。新媒体环境下的德育工作是指在新的形势下，以信息技术为载体，运用多种手段进行宣传，引导正确的价值观念，实现道德品质的提升、意志力的增强、信念的升华等。新媒体技术的出现和发展，给传统的教学模式带来了巨大的变化与冲击，给人们的生活带来了巨大的改变和影响。它对社会的各个方面都产生了深刻的变化与影响，不仅丰富了中学班主任的教学内容，还提高了班主任的德育水平，使教师的教育方式更加灵活多样。

一、新媒体解读

传统媒体不断适应农业社会、工业社会和信息时代的发展进步，逐步形成了依托互联网和智能设备而构建的新媒体形态。新媒体时代的最大特点是它在不断发展进步，从最初诞生新媒体这一概念的 20 世纪 70 年代到如今，新媒体已经从传统媒体走向网络，发展到网络化数字媒体时代。新媒体是相对于传统媒体产生的概念。可以说只要是新兴媒体都是新媒体，是一种基于全新理念、全新技术和全新形式的媒体形式。

所谓新媒体，是指新的技术支撑体系下出现的媒体形态，如数字杂志、数字报纸、数字广播、手机短信、移动电视、网络、触摸媒体等。相对于报刊、户外、广播、电视四大传统意义上的媒体，新媒体被形象地称为"第五媒体"[①]。新媒体凭借其信息量大、流通快、传播广等特点迅速取代传统媒体，并改变了人们的日常生活，尤其是家庭生活的面貌。

新媒体的主要特征表现为：一是具有信息价值。新媒体是具备良好价值的信息载体，能实现对信息的传递，满足受众对信息的需求，具备便捷的信息传播条件。二是具有原创性。新媒体信息具有的原创性是其有别于其他媒体的主要特点，以原创理念将媒体形式嫁接在网络空间，这是一定时期内时代发展所赋予新媒体独有的信息内传播功能。因此新媒体不是简单的信息复制，而是理念创新下的信息传播和应用。

二、新媒体对德育产生的影响

（一）冲击我国现阶段的德育模式

新媒体下的德育环境相较于之前的传统的德育环境更为复杂，丰富且广泛传播的信息不断呈现在青少年面前，其中不免会有些低俗文化和虚假信息，而青少年没有形成良好的信息分辨能力，思想容易受影响，不加以引导容易出现核心价值观迷失的现象。在传统教育下，家长和老师对青少年的教育在一定程度上在他们心中是具有权威性的，而新媒体环境下，老师和家长从主导的角色转变为了引导的角色，青少年可以通过新媒体了解到更多的观点，处于青春期的青少年，自我意识极强，这也大大增加了管理难度。

（二）影响青少年心理健康发展

新媒体为青少年提供了一种新的交流方式，导致一部分青少年长期沉溺于虚拟世界。这种现象容易造成中学生在现实中与人沟通不善，形成性格缺陷。再有，青少年网络成瘾会导致在现实生活中产生空虚感，引发心理问题。因为青少年时期正是发展塑造人生观、世界观和价值观的关键时段，在这个阶段他们的思想和

---

① 唐琳. 新媒体环境下大学主体性德育模式研究 [J]. 湘潭大学学报，2013(6)

认识是不断分裂又不断协调的，是尚未稳定的。在这一重要阶段，他们自律性较低，容易陷入迷茫，出现心理问题。

（三）导致青少年道德行为失范

新媒体的功能强大，资源广泛，但同时诱惑也很大。青少年的自律性不高，很容易沉迷网络无法自拔，严重地影响了正常的学习和生活，还容易导致青少年在虚拟世界放纵自己。在虚拟世界中，任何信息都可以虚构，还有的青少年没有意识到要对自己的言论负责，在网络媒体上制造舆论。网络媒体上时常会跳出一些暴力游戏和淫秽网页，青少年的求知欲旺盛，好奇心重，很容易在下意识之间接收到这些不良信息，尽管现在正在对互联网进行管理，但这些现象仍然大量存在，影响青少年的行为。

（四）对教育者提出了更高的要求

新媒体中有一部分是民间的、个人的报道，具有自发性、突发性、多元性、难控性、公开性和无界性等特性，因此对学校的教育者提出了更高的要求。相对传统的学校德育而言，新媒体环境下的德育可能更具复杂性。

（1）教育者不仅不能反对青少年使用新媒体，反而要主动学习和使用新媒体，在传统德育内容的基础上通过新媒体更新德育内容，改善教育方法，与时俱进地进行德育。这样不仅能提升自己，丰富自己的知识面，还能维持自己在孩子面前的权威性，也更容易被孩子理解和接受。

（2）由于青少年缺乏判断力、自制力差、好奇心强，容易被一些网络平台吸引，因此需要教育者对网络平台进行筛选和管理，以便更好地进行指导和监督。同时，还要在孩子错误使用新媒体时，给予他们正确地引导，而且要在日常生活中起到言传身教的作用。

（3）新媒体的盛行，使得父母与孩子间的沟通越来越少，甚至有的孩子宁愿通过网络求助来解决自己有关道德方面的问题，也不愿向父母或者老师请教。由于缺乏沟通，父母与孩子间的矛盾越来越深，相互间的信任度也越来越低，因此，家庭教育者应该尝试通过网络媒体去了解孩子的喜好和兴趣，并与孩子进行互动，拉近彼此间的距离，通过交流沟通来增加亲子间的感情，进行有针对性的道德教育，加强家庭德育的成效。

(五)传统管理模式滞后

教师综合能力与素质也是限制德育工作创新的关键,推进德育工作时要与学生感同身受,站在学生的角度理解与思考问题,最终达到德育工作要求。德育工作的展开应当是相互包容、相互促进的,学生能够始终在思维与行动上统一,在学习我国优良传统美德、党史文化、先进思想等过程中有所感悟,在学习与生活中践行德育思想。所以,旧的管理模式应当不再适用于当前语境下的中学生教育,我们应当以更加理性、客观的眼光看待现实问题,革新管理模式、创新管理办法。

(六)德育工作形式发展

传统教育观念影响下的"讲解式"教育难以套用到德育中,而很多教师难以创新德育活动,使得中学生在德育认识与感受过程中感到枯燥与无聊,进而难以做到知行合一。所以,创新德育实践活动是解决关键问题的所在,只有融合理论与实践的德育工作形式才能够丰富德育内容,让更多学生受到感染与鼓舞。目前,存在一些学校在德育理念方面有所滞后,并且难以站在理性与客观的角度感受中学生的认识与思考,教师的讲解与主导更是压制了学生的自主学习积极性。德育形式对学生的影响至关重要,如何创新德育工作形式也是我们需要面对的难题,下一步工作计划中应针对以上问题提出解决方案。

(七)缺乏积极氛围引导

新媒体应用是一把双刃剑,针对部分学生沉迷网络的问题我们常常感到束手无策,德育工作也应当针对此类问题深度扫清,还给学生原本干净、和谐的学习环境。由于"低头族"现象严重阻碍了教学、管理等工作的实施,在必要时应当作出惩戒,维护班级与校园学习文化,净化网络带来的不良影响。家庭德育的缺失导致一部分学生并没有建立起基础的是非观,在信息素养、道德素养等方面有所缺失。如何创建良好的班级氛围?如何构建丰满的校园文化?如何以其为感染作用影响更多中学生?如何以榜样为力量鼓舞更多中学生?以上都是我们需要思考与实践的现实问题。只有从根本上树立青少年正确的"玩物"观念,才能够从根本上解决沉迷网络问题,还中学生更加干净、和谐的学习氛围。

三、新媒体环境下德育工作存在的问题

（一）班主任对新媒体德育管理重视不够

如今新媒体信息技术对中学生的思想管理、价值理念和精神世界的影响更加凸显。中学生的学习兴趣、思维习惯和个性行为等都被新媒体打上了时代的烙印，这需要引起班主任的高度重视。在新媒体环境下开展德育管理时，有的班主任对新媒体技术不是很认可和熟悉，对新媒体的运用不够熟练，导致对中学生的思想世界不够了解；有的班主任利用新媒体开展德育管理的意识不强，还在用传统德育方式来进行理念灌输，和学生说不上话，说的话学生听不进去的情况比较普遍，德育管理的有效性大打折扣。

（二）班主任新媒体德育管理能力参差不齐

学校都是选择教育能力和素质比较好的老师担任班主任。但是中学现有班主任队伍中利用新媒体开展德育管理上的应用能力还存在参差不齐现象。有的班主任虽然开始利用新媒体开展德育管理，但在应用中思想还是比较僵化，比较强调老师的威严，和学生的沟通交流不够，导致德育方式不为学生接受，德育效果不是很好。有的班主任思想认识过于主观固执，对于新媒体给生活学习带来的变化接受度不高，和中学生很难产生思想上的共鸣，就算是利用新媒体开展德育，教育效果往往也很难达到预期目标。

（三）中学生对新媒体德育的接受程度存在差异

在新媒体环境下，中学生德育遇到的最大挑战就是学生年龄偏低，德育管理面对的管理难度比较大。主要表现为，新媒体上的不良思想对学生思想带来了负面影响，导致学生纪律观念差，守规矩意识较低，对社会主义核心价值观和主流价值观的认可度不高。中学生文化知识水平不高，对于学校和老师的教育、教导存在一些消极情绪，中学生在新媒体德育中，对学校和班主任倡导的教育理念，往往不会以实际行动来支持和实践，这些都是目前中学生德育管理中存在的薄弱环节。

（四）中学生家长对新媒体德育管理存在轻视态度

中学生的家长将孩子送到学校学习，认为教育的重点应该是学习文化知识的内容，对孩子的德育持有轻视态度和消极思想，对班主任进行德育管理中的校家沟通交流不是很支持，在班主任利用新媒体开展学生情况调查、思想动态交流等

工作时，不是非常配合，这些都给班主任开展德育增加了很多阻碍。

第二节　中学德育工作建设思考和策略

一、中学德育工作建设思考

（一）育德能力是教师专业发展的重要内容

1. 当前对教师专业发展认识上的问题

"立德树人"是教育的根本任务。这是对教育基本意义和教育内在规律的认识，即所有的教育活动应当包含有教育的内在价值。从这个命题出发，全体教师都应当具有教育的基本责任和义务，所有教师都应当是德育工作者。如果全体教师都是德育工作者是一个正确的命题的话，那么，作为教师的专业发展的内在要求，育德能力也应当成为所有教师的能力。但现实的情况是，教师的育德能力的培养并没有获得重视。

（1）德育工作化倾向带来的认识上的问题

1988年，全国中小学德育工作会议第一次明确提出了德育工作的说法。德育工作化的本意是要加强学校的德育。但在将教育分工为非专业的德育工作者和专业的德育工作者，如德育处、年级组、班主任这一工作的行政划分后，德育事实上成为专业德育工作者的任务。育德的能力成为班主任或者说是"专业的德育工作者"所要掌握的能力。育德能力也是要做德育工作时，才需要的能力。现有的德育的相关培训，针对的对象也仅仅是德育工作者。对于一般的学科教师来说，德育是在教学任务后附加上的东西。

（2）教师专业发展概念界定的窄化带来的认识上的问题

现在对于专业发展基本界定为学科知识、教授这些知识的技能、师德修养三个部分。教师的职后培训的课程设计也基本遵循这样的脉络。在校本研修的平台上，专家引领、同伴互助、自我反思的对象也主要是学科知识和学科教学的技能。这其中并不包含育德的成分。因此，这种界定，只能称之为教师学科专业化，而不是教师专业化发展的全部。如果将师德修养作为教师内在素养的提升，也只能说是解决了育德的其中一部分内容，即身教部分。对于教师应当掌握的德育的内容，以及如何实施德育，则是一片空白。

这种理论上的缺陷，带来的是现实工作中的偏差和认识上的片面。例如，上海市中小学见习教师规范化培训在其内容设定上就是包括职业感悟与师德修养、课堂经历与教学实践、班级工作与育德体验、教学研究与专业发展四大方面的18个要点。应该说，这样的培训涵盖了教学技能和德育的要求，是非常全面的。但在这样的分类中，我们也可以清晰地看到这样的暗示，那就是德育培训仅仅是为年轻教师以后做班主任做准备，教学研究才是专业发展的根本。

2. 将育德能力的培养作为教师专业化发展的重要内容

（1）应当解决认识上的问题

在当前应当淡化德育的工作意识，强化德育的目的意识。即使在当前不能够一下子改变提法的情况下，也必须强调，德育是全体教育工作者的工作，而不是一部分人的工作。也就是说，需要强调的是德育不是一项工作，而是教育的目的。管理、服务、教学、科研、环境布置等，在学校内发生的一切活动，都要注重其内在的德育价值。

其实，早在1995年《中学德育大纲》上就明确提出，德育实施的途径第一条就是通过各学科的课堂教学。例如，上海在大力推进两纲教育和学科德育，就是在学科课堂教学实践中，寻找育德的点。虽然在实践过程中，由于教师的认识问题、教师教育的能力问题、学校推进的力度问题，致使这项改革举措的成效并不明显，但是，这样的推进方式，至少让每一位教师都意识到，"立德树人"是每一名教师的不可推卸的责任。

（2）应当注重德育的通识培训

首先，是培训制度的建立。檀传宝认为，应当将培训分为德育教师专业化和教师德育专业化两个不同的层面。德育教师专业化是对专门的德育工作者的培训，这类教师应当具有较高的专业水准。教师德育专业化是对非专门的德育工作者的德育专业化要求。教师应当掌握一定的现代德育的基本理论，具备开展间接和直接德育的能力。这种专业发展标准的建立和培训要求的实施，从制度上保证，育德能力应当是每一名教师应当具备的基本能力，是专业能力重要的组成部分。

其次，是培训课程的建立。现在已经有了大量关于德育原理层面的研究和探索。例如，黄向阳的《德育原理》、檀传宝的《学校道德教育原理》等。这些研究，都从理论层面讨论了德育的原则、途径和方法。但是，对于基础教育层面的一般教师来说，这仍然是一个陌生的领域，教师仍然在经验层面开展实践活动，缺乏专业理论的指导。当然，期待一线教师自觉主动在这方面进行学习，是有很大难度的：一是由于基础理论的晦涩，二是由于研究时间的匮乏。这就需要在教师继续教育的层面上，加大这方面课程开发的力度。通过教师培训者的努力，将一般的原理转化为培训课程，并研究基层的德育实践情况，在理论和实践之间搭建一座桥梁。

（二）践行行为德育，提高德育实效性

行为德育内涵为：通过对学生良好行为习惯的养成、不良行为习惯的矫正，借改变行为来改变习惯，进而影响思想的改变，即在具体行动中贯彻德育，通过实践落实德育理念。具体内容包括以下三个方面：

（1）用"荣誉激励制"培养学生的自信

"后进生转化"是长期困扰学校德育工作的难点。做好"后进生"的转化工作，关键是让学生找到尊严。"荣誉激励制"恰好契合了中学生的成长特点和心理需求，对"后进生转化"而言，是一个很好的途径。

"荣誉激励制"就其内涵来说，是一种赏识教育，主要通过各种荣誉的获得来激励学生做到自信、自律、自强。"荣誉激励制"始终贯彻"以人为本，因材施教"的教育原则，倡导"以正面引导和积极鼓励为主"的教育方法，培养学生的自信心、责任感。形式主要有班级荣誉激励和个人荣誉激励两种。奖项设定能够涵盖大部分学生的特长，如学习、文艺、体育、劳动、帮助别人、礼貌、遵守纪律、绘画、手工等，充分体现了对多元智能的尊重。但是，荣誉激励不是廉价的荣誉，它还须通过竞争去获得。

（2）用"双值周"制培养学生的劳动服务观念

"双值周"是传统德育实践活动形式。它的基本形式是全校每个班级除"小值周"（班级卫生）外，在一个学期中参加一周的学校服务管理活动，即"大值周"活动。

"双值周"的核心内容为劳动、管理。主要培养学生的劳动、纪律、服务和环境道德的观念，质量、效益、竞争和创新的意识，劳动、服务、管理和竞争的能力。"双值周"不仅重视学生参与实践，更重视学生在行为上的养成，思想上的提升。学生通过劳动、服务和管理的过程，体会到自己肩负的服务责任和管理责任。

（3）用"放飞"活动锻炼学生的能力

"放飞"目的是让学生走出校门，更多地感受社会、提早认识和了解社会。"放飞"是一种手段，如何运用这种手段来引导与教育学生才是学校关注的重点。因此，总结是"放飞"活动的重头戏。为了能让学生加深感悟，学校采取了多样化的方式：组织关于"放飞"活动的征文、演讲、电子小报比赛等等。放飞是学校行为德育创新的手段，通过放飞去让学生完成自我教育，使学生由他律逐渐转向自律。

（三）德法并重打造特色的学校德育

由于现阶段青少年法治教育面临着重德轻法的局面，造成了青少年道德和守法的严重偏离，在学校尤其应大力开发优质法治教育，做好未成年人保护工作。

长期以来，由于对法治教育认识不足，各中学偏重学校德育而忽视学校的法治教育，造成了青少年道德和守法的严重偏离，其实守法是学生道德的最底线，所以在社会文化冲击很大的程度下，更应该加强青少年法治教育，优先开发优质法治教育资源，高起点、高标准地打造有特色的法治教育。

我们应认识到学校的法治教育不应该从属于道德教育，它们之间是有区别的：道德教育重在净化人的内心世界，重在培养有高尚品德和情操的青少年，它对青少年的要求有一定的高度；法治教育重在规范人的外在行为，对青少年来说，它重在培养一个合格和守法的公民。对一般中学的青少年来说宜采用道德教育和法治教育相结合，从思想和行为两方面来提升青少年品质。我们确立打造优质法治教育资源来进行学校青少年法治教育。优质法治资源主要包括以下两个方面：

（1）优质的法治教育硬件

优质的法治教育硬件包括青少年法治教育资料室、青少年法治教育谈话室、青少年法治教育测试室、青少年法治教育的实践基地（如公安博物馆、少管所、消防、法治机关等）。在硬件建设方面，在青少年法治教育中心建立青少年法治教育网站、青少年法治教育资料室、青少年法治教育谈话室、青少年法治教育测试室等等。优质的法治教育硬件是优质法治教育资源的基础，只有建立优质的法治教育硬件，法治教育才能高标准、高起点地展开。

（2）优质的法治教育软件

优质的法治教育软件主要包括优质的法治教育工作人员、正确和合理的法治教育理念和优良的法治教育土壤。具体做法是依托区政府和区教育局的力量建立青少年法治教育中心，整合法治教育资源，组成以法治系大学生和公检法工作人员为主的法治教育团队。在软件建设方面，青少年法治教育中心外聘一些专家长期作为该中心的专家顾问，并与大学等一些专业机构建立长期的联系。

教育实践和效果表明：法治教育虽然投入大、效果慢，但正面效果非常大。特别是在如今青少年违法犯罪率非常高，而且逐年递增的前提下，培养学生成为一个守法的公民,安全度过青春期,学校法治教育的作用功不可没。多进行法治教育就可以少办一些监狱,因此多投入一些是值得的。

二、中学德育工作建设的可行性策略

社会在不断进步的过程中,我国的教育环境也发生了较大改变,当前,中学教育工作者对德育工作有了高度的重视,德育渗透工作在逐步深入。中学时期是学生价值观、人生观逐步成型的关键阶段,所以,教师在教学过程当中应该关注学生的学习情况,关注学生的心理状况,从学生的角度为学生思考,提高学生个人素质,并根据实际情况进行有效实践,引导学生健康成长。教师应该以学生感兴趣的方式,或者是能够吸引学生注意力的方式,将学生的目光吸引到教师身上,从而更好地帮助学生提高道德素质,促使德育工作的高效开展,营造良好的学习氛围。

(一)积极创新德育理念

班主任要深刻认识到时代的转变,新时代社会发展迅速,不出几年就可能出现一个新的概念,这就要求班主任要做到积极学习、丰富自我,加强自身的专业素养培训,遵守教师道德职业规范条例,提升自己的道德素养水平,发挥自身的榜样作用去影响学生的思维和行为,从而强化学生对教师的信任程度,在开展德育工作时也能更加主动认真地配合班主任,进而实现德育在中学教育中的贯彻落实。举行德育活动时,思想上要确保符合我国的教育理念,形式上顺应时代的潮流创新开展德育工作,班主任可以将德育和班级各方面管理相结合来构建适合学生身心发展的学校环境,为学生未来的健康成长打下良好基础。班主任可以学习并运用心理知识,如积极心理学,寻找学生身上的积极因素来激励学生向上发展,巩固德育成果,学生从心理上亲近教师就能更容易接受教师的德育理念。

(二)提高德育在学校的地位

地方教育部门应该加强对国家教育方针的贯彻落实,认真解读政策对学校德育工作开展的必要意义和重点要求,同时改善当前重智育轻德育的评估体系,扭转教育岗位的一些功利性思想,对于考核评估的标准应该融入综合素质教育评价,保证对学校和教师的考核评价实现公平与多元相结合。学校自身也应该加大德育工作的建设力度,从具体计划到目标制定,为日后的工作建立基本的框架形式,保证德育工作在逐渐深入的同时不偏离基本的思想道路,科学策划实施德育工作,为教师和学生建立一个具有浓厚德育氛围的教学和学习环境。不只是教育部门和学校，班主任自身更应该积极承担德育工作的责任，背负起培养具备综合素质人才的重大使命，提高对德育思想和内容的认识程度，主动了解并熟练掌握德育的相关基础知识，把德育工作深度融合进班级管理和实际教学中，不断发现和总结德育活动举办时遇见的难点问题，还可以加强与其他优秀班主任的交流和联络，在经验分享中学习并丰富自己的工作经验，通过多管齐下的方式，切实提高中学德育工作的有效性。

（三）将引领作为教学的第一步

教师在对学生进行德育工作的时候，可以通过自己的行为告诉学生怎么样才是正确的方式，让学生能够在自己的行为当中找到提高自身道德素质的方向，促使学生可以在模仿当中提高自身的道德素质。并且教师在引导学生，让学生模仿自己的过程当中，也可以将更多学生的目光吸引，逐渐使更多的学生参与进来，彼此之间互帮互助，带动整个班级共同营造良好的学习氛围。并且教师的引领可以让学生形成榜样的意识，让学生能够争先提高自己的道德品质，作为其他人进步的目标，逐渐营造一个积极的德育课堂。

例如，教师在班级当中应该提倡帮助他人，在学生学习过程当中教师可以观看学生的学习情况，然后和学生讨论他们不会的题目。通过教师的展示让学生看到帮助同学的正确方式，使学生能够通过模仿教师的行为，在帮助学生的过程当中逐渐培养同学之间的感情，让学生可以养成互帮互助、团结友爱的精神品格，在学习过程当中持续影响更多的学生去提高自身的道德素质，培养学生优秀精神品格。教师对于表现优异的同学一定要给予鼓励，让学生能够获得成就感，从而提高学生的竞争意识，让学生能够更加积极地参与德育教学工作。

（四）运用多元化的教学手段

教师在开展德育教学过程当中，如果只是采用传统的课本教学对学生进行德育，那么会打击学生在学习过程当中的积极性。所以教师应该在教学当中摆脱传统的教学思路，通过多元化的教学手段，集中学生在学习时的注意力，让学生可以在自己喜欢的学习方式当中，培养学生对于德育教学的兴趣。教师可以分析和了解学生喜欢的方向，然后从学生喜欢的方向入手，让学生能够全身心地投入到德育教学当中，提高学生的道德素质。通过学生喜欢的方式入手进行教学，还可以提高学生对于德育的兴趣，主动提高自身的道德素质。

例如，可以通过班会的时间为学生播放《感动中国十大人物颁奖晚会》，通过视频的形式让学生能够近距离接触优秀的高素质人才，通过视觉、听觉上的感受让学生能够在观看当中产生共鸣，提高学生对于优良品格的认识，激发学生提高自身能力的欲望。并且视频的形式相比于传统课本教学更能够吸引学生的注意力，通过这种方式对学生进行教学，无疑可以提高学生在观看时的积极性和注意力。并且通过视频可以更深入的传达德育教学的目的，让学生能够感受到道德素质对于一个人的精神力量，提高学生对于自身道德素质提升的重视。

（五）提升德育管理水平

1. 创新德育管理方法

德育管理方法应该与时俱进，把握不同的角度，加强创新方法的研究。过去的德育管理存在一定的缺陷和不足，从而导致不少学生产生信仰危机，在价值观念和精神品质方面都显现出明显问题。想要成功矫正以往工作当中的缺点，必须确立更高层次的目标追求，而且德育管理的方法多种多样，必须做好收集整理和优化筛选工作，确保高效率德育管理新方法的使用，保证好整体教学秩序。

德育管理工作的本质在于立德树人，强调教师应该把教导学生做人作为出发点与立足点，运用新型教育策略，优化德育实践，推动德育管理正规化和标准化建设。在学生管理工作的开展当中，应该重视优秀校园文化的建设，组织开展德育宣传活动，督促学生顺利步入自我管理程序；在教师管理当中，学校需要构建完善科学的评价体系，督促教师强化自我管理，主动在学科教育当中进行德育渗透；学校领导层应该重视自我管理，保证办学思想的先进性以及统一性，既要主动接受先进思想理念，又要在管理技术、制度、方法等方面开展一系列的主观努力，推动德育管理开放性和创新性开展。

2. 改进德育管理活动

中学德育管理活动形式需要持续创新，这就要求做好对德育管理活动的全面研究工作，考虑中学学校管理的现实情况，并对学生的成长现实进行客观调查，从而在创新性的德育管理实践活动当中，引领学生身心和谐成长。在德育管理活动的设计阶段，学校应该加强制约因素的统筹和考量，其中构建校园社团、组织文体活动、开展公益宣传、落实主题征文、召开主题班会、组织书法展览和相关竞赛等都是德育管理活动的形式，不过这些活动应该坚持科学设计的原则，而且要根据具体的活动特征优化组织形式。如在主题班会活动的设计过程中，应该具备优质的德育主题，选择有效的组织形式，并落实评价验收机制。学生既要在班会上踊跃发言，又需要把有关任务落实到实际行动当中，从而纠正自己的不良思想。在分析了国家教育体系中学生的道德素质培养现状后发现，中学生的道德缺失问题表现得非常突出，因此逐步成为教育事业发展过程当中亟须解决的焦点问题。想要解决这样的教育难题，就必须确立德育的地位，明确对学生进行德育管理的作用，同时还要认真分析目前德育管理的现状，抓住内在规律，运用科学有效的德育管理策略，给学生提供优质的成长环境，促使学生自觉接受德育指导和熏陶，为学生的身心发展和成长成才提供良好的德育保障。

（六）创新德育方法

1. 说服教育法

说服教育法是常用的德育方法，在长时间的应用过程中得到了检验，同时也在不断完善与创新中，非常值得推广应用在中学德育工作中。具体来说，说服教育法在应用时，教师要向学生摆出事实和讲明道理，让他们在理解过程中提升认识，继而树立起正确的观点，在帮助学生去养成道德思想与行为时，教师首先要去提升他们的思想认识，可以使用一些接近他们的生活案例和事实来讲明道理，努力让学生可以产生情感共鸣，形成正确的认识。在使用说服教育法向中学生进行德育时，教师可以使用两种方式：一是使用单纯的文字来说服学生，可以通过班会、辩论、读书指导、讨论、个别谈话这些方式。比如笔者在班会中组织学生围绕着某一个主题来分析探究，在班会上说一说自己的见解，在特定的情境中加深对德育知识的理解；二是使用事实来进行说理教育，教师可以带领学生去参观红色景区，在此过程中引导他们去剖析其中的德育知识，强化爱国意识。在实际应用说理教育法时，教师要把握好四个方面的要点：一是要确保说理时的论点、论据是正确且全面的，可以帮助学生解答疑惑，进一步明确道理；二是在说教时要确保方式有趣味性，可以吸引学生自主参与其中；三是注重教育的时机，在必要的时间使用说理教育法；四是教师在应用说理教育法时，要始终尊重学生和信任学生，让他们可以感受到老师的关爱、坦诚和热情。

2. 榜样示范法

中学生的心智发展并未成熟，所以在成长过程中还是会下意识地模仿身边的领路人。那么这就需要教师以身作则，在班级内树立道德模范，在日常德育工作中时刻注意自己的言行举止，长此以往带给学生潜移默化的影响，帮助学生形成正确的道德认知与正向的行为习惯。

对于中学阶段的学生来说，榜样的力量对他们会有很深的影响，可以直接影响到思想、情感和行为。为此，教师在德育时可以多使用榜样示范法。首先，学生的模仿能力是很强的,所以教师的言论行为、为人处世的态度会对学生具有耳濡目染、潜移默化的作用,常说有什么样的老师就有什么样的学生。另外,在日常的教育教学过程中,教师要注重向学生树立学习榜样,让学生去学习榜样人物的优秀品德,比如在学科教学中,任课教师要去挖掘教材中的德育知识,引导学生去学习。以中学历史教学为例,教师可以带领学生去剖析教材中的一些名人名事,从这些名人的身上去感悟优秀品质,以此在理论知识的学习过程中可以强化思想道德。再比如开展语文教学时,教师可以带领学生去品析课文,挖掘课文中的德育元素,品读作者身上所含有的优秀品质,继而在课堂上开展辩论活动,让学生互相启发和互相帮助。在向学生树立学习榜样时,教师可以紧跟时政热点,利用多媒体向学生全方位展示可以学习的榜样人物,在典范和示范中影响学生的思想与行为,转变学生一些不正确的思想观念和行为。在课堂上向学生进行榜样教育后,可以让学生去写读后感和观后感,乐于表达自己的想法,在"说一说""写一写"中形成德育成果,更好地提升学生的品德。

教师在日常教育工作中还要留心观察班级学生,选出班级中各方面表现优异的学生将其树立为典型,以此开展榜样式德育。这种方式有助于调动学生良性竞争意识,从而促使学生更加积极高效地完成教师布置的教学任务,形成良好的思想意识和道德品质。教师要细心捕捉班级学生动态,有好人好事的素材就要立刻做出对应的宣传,在班级教育中营造良好的德育氛围,对学生们的价值取向进行正确的引导。班级内部典范的树立可以选择成绩优异的学生,也可以选择乐于助人的学生,还可以选择品德素养改变很大的"后进生",通过树立榜样来端正学生的学习生活态度,促进自身道德品质的发展。

班主任定期评选具有优秀品质以及良好道德修养的优秀学生,充分挖掘学生的闪光点,使每一位学生都有当上"典型"的机会,从根本上培养学生的自信心和自豪感,使学生对自己的未来、学习更加有自信。在这个过程中,班主任还可以渗透爱国主义教育、自尊自爱教育等,从整体上促进学生各方面素养的提升。比如,班主任可以制定"值日班长轮换制",面向全体学生,使每位学生都能够获得成为值日班长的机会,从而培养学生们的管理能力、实践能力等等。而评选值日班长必须要满足以下几个要求:不迟到,具有良好的组织能力,具有良好的人际关系,有责任感,敢于担当,等等,班主任可以让学生参考如上标准和要求,在班级中定期组织民主选举活动,让学生们通过投票选举的方式,选出公认的最有资格当值日班长的人选,这样的评选方式最公平、公正,学生的榜样由学生选出,大家更加信服,也会更加听从于"班长"的领导,而反过来被评选为学生们最信任的"班长",也会严格地要求自己,充分发挥自己的优势和能力,进而组织值日生完成各项值日活动,为班集体服务。

3. 陶冶教育法

在应用陶冶教育法时,教师要利用好学生所处的环境,并发挥好自身的优势向学生进行熏陶和感染,在潜移默化和耳濡目染中帮助学生提升道德水准。在使用陶冶教育法时,教师可以去使用人格陶冶、环境陶冶、科学知识陶冶、艺术陶冶、情感陶冶、交往情境陶冶这些方式。

在应用环境陶冶这一方式时,中学要注重良好校园氛围的营造,让校园更加和谐、友爱,让学生在这样的环境中很自然地接受德育。再比如向学生进行劳动教育时,教师可以组织学生参与到校园劳动和社会劳动中,在真实的劳动情境中去感知劳动教育的真谛,通过艺术陶冶和情感陶冶来树立劳动光荣的意识。

除此之外,在向学生使用陶冶教育法时,教师要将启发与说理巧妙结合起来,不仅要在特定的情境中去培养学生的品德,而且要带领他们生成体验和启发,进行自我反思,从而处于不断进步的状态。

4. 实际锻炼法

在向中学生进行德育时,教师不能局限于理论教育,要努力将理论教育与实践教育结合起来,以此让学生在实践活动中去践行理论知识。更好地内化德育知识。实际锻炼法在中学德育中有着较为广泛的应用,且可以得到学生的喜爱。具体来说,实际锻炼法是指教师有目的地组织学生参与到各种实际活动中,在实际活动中锻炼思想和能力的一种方法,教师可以结合学生的特点去选用锻炼方式,包括社会活动、学习活动、课外文体科技活动、生产劳动。

比如在应用生产劳动这一方式时,中学可以定期组织校园劳动,全体师生均参与其中,在劳动过程中拉近师生的距离,让学生彼此合作和帮助。相信在这样的活动中可以很好地培养学生吃苦耐劳的精神,对提升动手操作能力也会有十分大的裨益。再比如应用学习活动时,中学可以考虑举办一些大型的校园学习活动,在学习活动中既向学生讲解德育知识,也带领他们去探究德育知识,以此培养学生的学习能力。

5. 角色扮演法

为让德育知识可以入脑入心,学生能够产生强烈的情感共鸣,教师可以考虑在课堂上应用角色扮演法。在应用角色扮演法时,教师可以让学生紧紧围绕着某一个德育主题来学习和探究,在角色扮演中产生更深的感悟。比如在中学语文课堂教学中,对于情感性较强的课文可以考虑使用角色扮演法,让学生在表演的过程中融入自己的情感。

再比如进行道德与法治课程的教学时，在学习一些法律知识时学生会感受到抽象，对知识的理解会有一定的困难。为此，教师可以在课堂上运用角色扮演的方法让知识点直观形象地展示出来，在特定情境下帮助学生去理解知识点。另外，让学生以角色互换的方式来体验家长、教师的思想和情感对学生的教育意义很大，能让学生从换位的视角进行思考，体验不同的情感，从而对自身进行反思并做出改变。

（七）积极开展德育实践活动

教师在对学生进行道德素质的知识和理论传输之后，如果不让学生开展实践活动，将知识运用到实践过程当中，很难让学生感受到道德素质在生活中的重要性。所以教师应该通过双休日的时间，组织学生开展实践活动，让学生能够在真实的生活当中感受到路人的素质，"自己遇到不文明的事应该怎么做""该倡导别人怎么做"从而让学生能够将自己的知识真正运用到实践当中，加深学生对道德素质的感悟，提高学生的道德素质，将德育工作高效化、高质化。德育是要让学生从内心认识到良好道德品质的重要性，提升学习内在动力，使学生主动积极地改变和完善自己。结合学生的身心特点和课程标准要求，思想政治课教师可以有意识地丰富实践活动形式，结合班主任工作定期组织校内外形式多样的社会实践活动，让学生能够在活动中切身感受德育。教师在活动中进行正确的引导，调节学生的心理，让学生拥有健康的人生。

班主任要明确德育是为了培养适应社会发展的人，因而学校的德育要充分利用社会资源进行，才能促使学生在成长过程中逐渐适应社会变化，不至于成为与社会脱节、只知道死读书的人，有效使用社会资源配合学校德育工作可增强德育的影响。

例如，班主任可以带领学生参与到各类公益活动中去，培养学生乐于助人、积极向善的道德品质，参与公益活动也能为社会发展献出一份自己的力量；可以在确保安全的情况下开展特殊的教育活动，如面对心怀不轨的坏人如何保护自己这类活动，增强学生明辨是非的能力，同时也可以增强学生内心的抗压能力，面对危险懂得保护自身。优秀的德育能够激发学生心中的善意，能让学生建立自己的信念与原则，最大化实现德育对学生发展的积极作用。

教师可以组织学生去公园开展捡垃圾的社区活动，将学生每六人分为一组，然后每组学生负责打扫不同的区域。学生在打扫完自己的区域之后，可以帮助其他组的学生共同打扫，等全部区域打扫完，再集合向路人宣传环保意识。通过捡垃圾的社区活动，可以更好地让学生感受到路人在日常生活中的道德素质，并且学生在捡垃圾的社区活动中向其他人宣传保护环境的意识，可以在实践过程当中将自己学习的道德与知识进行运用，引发学生共鸣，提高学生的道德和素质。

教师可以在讲授"中国特色社会主义的创立、发展和完善"一课时，组织学生前往当地红色旅游基地或革命纪念馆开展实践活动。教师引导学生在实地参观过程中探讨"社会主义为什么是近代中国历史发展的必然？""我们为什么要一脉相承，与时俱进？"等议题，既能够让学生把握中国特色社会主义相关理论知识，加强对教材的理解和把握，又能够在浓厚的历史氛围中强化学生爱国情怀，树立榜样精神。在讲授依法治国内容时可以选择与学生生活密切相关的一些民事案件，组织学生前往当地法院旁听公开审理案件的庭审活动，既能让学生了解现实生活中案件审理的过程和司法机关运行机制，做严守道德底线、维护公平正义的有较高德育水平的学生。教师将这部分社会实践活动放在课后服务时间里，可以不挤压教师的教学进度，不再单纯地将学生聚集在教室学习，而是构建多样化的课后服务活动，带领学生走出教室，参与到社会实践中，切身理解教材内容和德育内容。利用好"双减"政策提供的课后时间，既可以真正减轻学生的学业负担，让学生拓宽眼界和知识面，满足学生的成长需求，也可以有机融合学科教学、德育和劳动教育，满足高中思想政治课的教学目标，同时还不会影响教师的授课进度和学校教学安排。

（八）全线升级中学德育工作

1. 多维布局，教学路径的全线升级

努力拓展中学思想政治教学的多样性，在具体建设层面上要从课上教学与课下活动两个方面入手，综合施策。在课上教学层面，多采用多媒体技术、互联网技术来获取新的教学资源，并进行多样化的教学展示。如将传统的理论教学采用案例视频的形式进行展示，补充多样的教学内容，形成对学生的吸引力。在课下教学层面，则可以采用丰富多彩的教学活动来替代传统作业、宣讲等内容。如以班级或学习小组为单元进行团建活动，户外团体活动等方式增加学生对于集体、奉献、相互帮助等内涵的理解；采用辩论等方式在学生准备活动及参与活动的过程中，通过教师的讲解与指导对时政信息进行掌握与分析等。通过上述教学路径的拓展，不仅能够提升理论教学水平与对学生的吸引力，更能够帮助学生将理论知识与实践行为进行有效的认证，提高自身理论理解水平。

2. 心理辅助，拓展德育教学的深度

要在现有教学模式中抓准学生的德育困境，改变德育教学的评价方式，形成"以人为本"的教学思维，对德育线下教学模式进行有效的拓展。其中，开展心理健康教育是一种有效的拓展路径。针对大部分学生都是独生子女的客观现状，我们要抓住独生子女身上不同程度表现出的"少爷病""公主病"的具体问题，以学生社会交往和日常待人处事中比较容易出现以自我为中心的行事惯性，甚至表现出自私自利、莽撞易怒等不良习惯，进行心理健康辅导和适时干预。中学生正处于生长发育时期，心智尚未成熟，易敏感，适时对他们进行心理健康教育非常必要。为此，要组建学校心理健康辅导员团队，创设以"悄悄话室"等命名的心理健康室，鼓励和引导学生走进心理健康室，制度化、常态化地开展心理健康教育和辅导。

3. 技术创新，完善德育教学的全线覆盖

后疫情时代使得基于互联网的教学得到了迅猛的发展和迅速地普及。在利用互联网进行知识性传播的过程中，要看到互联网教育对于德育教学的其他贡献。互联网平台搭建并利用其进行教学虽然属于老生常谈，但是通过技术创新、路径创新以及平台创新来完成多维度的教学依旧是创新教学体系的核心。落实到具体的德育工作中，技术创新主要是指在学校提供的互联网教育平台基础上要形成互联网与线下教学的广泛联合，将互联网资源引入到线下课堂体系中，并形成有效的互动，使得学生能够从双方知识进行充分融合，对知识的运营能够自由切换。路径创新主要是指在教育平台之外引入一系列生动、形象、具有吸引力的非教育公众平台作为学生的德育阵地。平台创新的内涵在于为学生提供更为多元的交流及共享范围，利用包括微信小程序等在内的第三方平台能够使得学生的学习行为、学习心得进行分享。分享者在分享的过程中得到情感与精神上的满足，讨论者在互动与反馈中达到共同学习的目的，教师还可以对交流内容进行妥善的引导以提升道德水平建设的具体效能。

4. 自我管理，构成德育长效化全线体系

学生的自我完善在全线化建设中同样不容忽视。教师要鼓励学生自我管理，进而形成全线化教学体系的学生选择，形成"千人千面"的课堂教学模式。同样，只有学生在自我管理层面上达到了客观要求，才能够在真正意义上将道德建设、道德理论学习纳入实践与生活当中去。从这一角度来看，对学生的自我管理引导可以从以下两个方面入手：一方面，学校要完成自上而下的自我管理体系建设。所谓的自上而下主要是指在组织结构关系中先完成基于社团的自我管理，后形成

有效的班级自我管理氛围，最终达成学生个体自我管理的良好范式。另一方面，进行逐级的对策制定。在社团自我管理过程中，教师应积极引导学生自我组建校内社团，并开展社团活动，在社团中，学生进行自我约束、自我教育、自我改正，在有趣的活动中锻炼自我管理技能；在班级的自我管理过程中，鼓励学生全员积极参与，通过学生讨论可形成班级内部的道德规范、行为规范，让学生的主体性得到充分发挥，通过规范的形成，可以保证学生自我管理工作长期、可持续进行；在学生的自我管理中，可为学生创造多元的体验机会，并让体验活动和德育实践有效结合，对学生道德的内化起到推动作用。

（九）制定正确策略推进德育工作

1. 从"早"入手，正本清源

新生入学的前三个月是德育关键期。开头三个月抓早、抓实有利于学生树立正确的学习观、生活观，有利于学生养成良好的行为习惯。每一届新生入学，学校都强调班主任把工作的重点放在第一学期，第一学期重点放在前三个月。从礼貌招呼到校服穿着等等细节都逐一强调并进行检查、评比等，从早入手抓好德育细节。

2. 以"勤"促变，根除陋习

学生刚入学的时候常常带来一些不好的习惯，而这些习惯在短时间内确实很难根除，因此学校要求所有的管理干部和班主任树立长期作战的思想，逐渐改变学生的不良习惯、树立良好风尚。抓反复、抓持之以恒。对仪容仪表、言谈举止要经常检查督促；对随手乱扔垃圾等不良行为更是经常教育。以"勤"促变，使学生逐渐养成良好的行为习惯。

3. 唯"实"为本，重视效果

德育工作来不得半点虚假，华而不实的花架子骗得了一时却难保德育产生实效。为了防止"作秀"式的德育管理，德育管理人员检查工作也不能停留在黑板报、校服穿着等表象，不仅注重主题班会以及活动方案的制定，更注重过程以及效果的检验、跟踪、反馈。通过不同方式的检查评估，将德育工作落到实处。

4. 重视"细节"，小中见大

德育工作中要求班主任和管理人员从小事抓起，注重细节。比如：桌椅不要拖拉，物品要轻拿轻放；离开教室要随手关灯关门关窗，打扫卫生不留死角，不在校服上乱写乱画等。学校还给每位教师发放《细节决定成败》，要求全体学习。同时，要求每位管理人员务必把事情做细做实。做好德育工作仅仅依靠班主任还远远不够，学校还要组建学生干部队伍——学生会干部、团委干部、纪律督察干部、宿舍管理干部，通过加强团队建设，实现学生管理。通过发动学生参与管理，不仅调动了学生的工作积极性，而且锻炼了学生的参与意识、管理意识和管理能力，使学生在管理与被管理中学会换位思考，真正长大成人，道德品质真正得到了提高。

（十）德育中融合新媒体

1. 完善监管新机制

完善监管新机制是我们在创新德育工作中必须重视的问题，这样才能够从源头处把控信息，让广大学生在认识与接收过程中建立起自我保护机制，让其在身理解与感受下完成德育认识。由于新媒体语境下的信息传播是冲击式的，是我们完全无法掌控的，要想从根本上转化这一力量，就应当从源头处融合正确的社会主义价值观，融合健康、科学、绿色生态的教育理念。首先，中学学校可以组织成立"网络信息安全评估服务机构"，面向校内外提供信息筛选、净化校园网络等服务，引导广大学生从理性、客观的角度认识世界，认识当前社会中展现出的众生百态。德育管理工作小组还应当在学生入学前发放"思想道德认识手册"，让所有学生在入学前树立起基本道德观念，在今后的学习与生活中能够以此为鉴。学校及教师在推进德育工作时还应当以负面信息传播来进行教育，从负面信息起因、经过、结果等进行一系列分析，让我们的学生认识到"新媒体网络是一把双刃剑"。

中学可以成立"自管会"，对校内中学生讨论热点密切关注，以完善的监管机制防止不良信息的恶意传播。监管机制发展需要一定财力、人力支持，我们还应当加大建设力度，充分利用现代化网络资源实施"净网"活动，同时建立举报通道。各班级教师也应当从扩散监管信息，做好班级舆情管理与德育，通过线上社交媒体应用等平台及时整合信息、传播信息。由此能够在一定程度上警戒不良网络风气，从源头上解决不良网络应用对中学生带来的影响。

2. 理性认识互联网

新媒体应用已经走进我们生活的方方面面，学校与教师应当以辩证的眼光看待新媒体网络，如何转化互联网应用在德育工作中才是我们应当思考的问题。只有正确看待网络、应用网络，才能够推进教育教学进步与发展，推进德育工作常态化。首先，完善网络监管机制并不是让学生杜绝网络，而是规范其浏览与使用方式，让其以互联网对生活与学习起到积极促进作用。所以，德育中融合新媒体应用十分必要，学校文化、班级氛围构建中就可以融合新媒体应用；德育实践活动总结与经验交流也可以融合新媒体应用；大力培养学生信息素养、信息能力更是离不开新媒体应用。

新媒体是一把双刃剑，只有将其正确的应用在德育中，才能够发挥其重要的育人价值，解决德育工作难以推进的现实问题，让更多中学生在成长与发展中借势而上。引导中学生理性、客观地看待新媒体应用也是我们的重要责任，应用新媒体网络拓展教学方式、应用新媒体网络深化信息素养、应用新媒体知识展开培训课程都是可以解决现实问题的方式，也是让其在德育工作中发挥重要启示的方式，将能够引领更多中学生参与到网络平台中实施知识学习与实践总结，通过自身认识与感受畅游新媒体网络。

3. 教师专业化培训

新媒体应用是当代学生不可避免的生活必需品，将其应用在教学、德育、美育等过程中能够起到积极作用。作为中学教育者应当提升自身信息素养与专业能力，从根本上拓展新媒体应用渠道，有效将其与德育工作连接到一起。只有这样，才能够融合新时期学生需求开展教学，让德育深入人心，培养出更符合现代社会需求的优秀人才。为进一步拓展新媒体应用于德育中，教师应当在课余时间熟练应用新媒体平台，并且能够总结出不同新媒体应用平台特点，融合自身教育教学经验，预想其应用将能够达到怎样的教育效果。接下来，就可以按照预想来实践，通过QQ工具发布重要文件、德育手册内容等等；通过微信工具直接连线家长，与其建立密切的交流关系，以便指导家庭德育等等。由此方能够加强自身德育素质，从教育对象直接接触上优化德育知识与形式，让更多学生在学习与生活中践行德育思想。

（十一）儒家文化融入德育

1. 对儒家思想的解释

儒家是春秋时期由孔子建立，并由历代大儒学家修改完善的学术派系，儒家讲究以"仁"为本。千百年来传播着以仁为本的哲学思想，儒家德育思想是儒家多个思想中的关键内容之一，所传授的便是世代儒学者关于对人们思想道德教育的理论体系、主张以及原则方法等，经过长时间发展形成了目前的较为稳定且具有强烈特征的思想教育系统。儒家思想是我国发展中必不可少的思想之一，由于儒家对于德育的看重，千百年来，儒家也是德育工作的重要指导思想。

2. 儒家思想对德育的影响

儒家主要思想把学生个人的发展与国家社会的发展联系起来，着重培养中学生的社会责任感和历史责任感。经过儒学的不断改良，逐渐发展成为我国爱国主义思想发展的重要指导。如果能够把儒学思想精华融入中学德育教学中，对于培养中学生的爱国情怀以及强化他们刚健有为的意志都有很大的帮助，儒家所传授的种种思想观念是中学生成长过程中必不可少的观念，以儒学为基础的中学德育可以不再那么空洞。

3. 促进儒家文化与中学德育融合的措施

（1）要求教师以身作则，成为学生的道德榜样

儒家重视道德榜样思维，教师自身的行为规范、道德素养从各方面影响着学生，作为最常与中学生相处的教师，必须从改进自身做起，善于从儒家德育思想中吸收精华，在教育学生之前，树立好自身的道德素质，在日常学习生活中能够以身作则，给中学生德育创造出优良环境，并通过言传身教加强学生对于德育理论的吸收。

（2）充分利用儒家传导的思想，改进教学方法

儒家学派不仅拥有多方面的思想哲学上的先进理论，对于教育更是有着一套先进科学的体系。儒学讲究道德榜样意识、注重思考与学习的融合、注重对自身的反省、强调"三人行必有我师焉"的观念。这些方法都适用于中学德育。

总而言之，推进中学德育工作创新刻不容缓，我们应当以正确的眼光看待目前工作中存在的问题，互联网信息的冲击、传统管理模式滞后、德育工作形式发展、缺乏积极氛围引导等等都是下一步工作计划中需要优化与完善的。学校与教师应当转变德育观念，完善新媒体应用监管机制，为学生提供更加和谐、干净的网络环境，以其为应用手段展开德育，让思想品德意识深入人心。由此，中学生能够在更好的教育环境中成长，树立起爱国主义精神、树立起伟大的理想与信念，进而在今后的学习与生活中展现德育思想。

第三节 中学德育工作建设发展趋势

一、大中小学德育一体化建设

（一）德育一体化建设的内在要求

所谓"一体化"，是指按照一定的目标，遵循一定的规律和原则，采取适当

的方式、方法和措施，将两个或者两个以上不同的、不协调的、相对独立的事项，在同一制度下，变成相互包容、有机融合、相互合作的整体，形成协同效应，实现既定目标。德育建设一体化，是指根据德育的基本任务，坚持教育教学规则和学生发展规律，根据每个阶段的具体特点，在不同教育阶段对德育课进行总体设计和要求，根据课程标准（指导纲要）和参考资料，针对教学方向、教学内容、教学模式、教学办法实施全面计划，在教育体系设计的各个阶段进行科学构建和合理设置，从而实现有效衔接、分层次实施、循序渐进、全面推进，体现教育各个阶段课程教学的层次性、顺序性、连贯性和衔接性，形成更加完善、系统的新课程教学体系。

开展大中小学德育一体化建设，既是新时代的要求，也是思想政治育人面临的新挑战，是进一步深化新课程改革的重要前提和创新基础。建立统一的课程标准，完善教材体系建设，构建符合各阶段要求的学习模式，是一体化建设的有效途径。

1. 人才培养的内在要求

大中小学虽然对学生学科知识和专业技能的要求存在较大差异，但对思想道德素质和政治素质的要求是一致的。例如，爱国、诚信等核心价值观要求。因此，德育课程建设需要打通大中小学之间的脉络，构建更具凝聚力、更有序的教育体系。

2. 课程体系的内在完善

人才的培养离不开课程体系的改革，它是课堂教学发挥主渠道作用的决定性因素。推进课程体系一体化建设，主要是促进大中小学现有课程体系的深化改革和有效衔接，而课程思想政治是衔接三者的一座桥梁。要从培养德才兼备人才的根本任务出发，开展课程体系改革，推进大中小学课程的有机衔接。因此，推动德育一体化课程建设，有助于构建新时期更加完整的德育课程体系，有助于提高思想政治教育效果。

3. 大中小学思想政治课的整合

要在坚持德育总任务的前提下，遵循学生的认知发展规律、教育教学规律、成长成才规律，按照循序渐进、螺旋上升的原则，明确每个阶段学生的发展目标，做好各阶段内容的衔接，突出思想政治课的整体性、层次性的显著特点和独特优势。

（二）德育一体化建设的内在逻辑

准确把握大中小学德育一体化建设内在规律，是德育与时俱进、发展创新的关键所在。大中小学德育一体化，是教育现代化的内在要求，是遵循教育规律的重要表现,是加强德育学科建设的题中之义。

1. 纵向深化的逻辑

如何深化德育?这就要从学生的道德素质和精神素养入手。德育一体化建设,首先要加强大中小学思想政治课体系建设,紧紧抓住教师队伍"主力军"、课程建设"主阵地"、课堂教学"主渠道",形成阶段性、年级性的递进学制和课程结构。在课程目标设置上,突出德育目标的同一性和同质性,从小学到大学逐渐有计划地制定课程方向,注意课程自我标准的适应性和学习周期的连续性,同时具体展示不同时期和不同年级思想政治教育目标的核心价值观。其次是要以课程目标为方向标,充实教学内容,解决教学内容单一、重复、不完整等情况,把课程标准和教材作为基础,增强课程内容的思想理论体系和文化价值体系建设,构建出积极、有趣、完整、更贴近学生认识的教材体系方式。

2. 进一步认知高级逻辑

开展教育活动最重要的是要符合人的身心发展规律。青少年正处于人生发展的关键期,这一期间不但有独特的身心发展规律,而且有认知发展的周期性特点。这就要求要充分根据学生身心成长规律和认知发展特点,推进德育课程整合。为实现这一目标,可以从价值取向、目标设置、内容组织、课程实施、方法运用、教学评价等方面为提高德育课的质量和实效性提供依据。

(三)德育一体化建设的实践推进

1. 贯彻"一体化建设"理念

德育一体化是一个系统性要求。有学者认为,"德育一体化就是以唯物辩证法关于全面的观点、联系的观点和发展的观点为指导,运用系统的方法对学校德育各方面、各层次,宏观、微观,内部、外部,纵向、横向,多侧面、多角度进行综合的整体设计,使德育系统内各层次间及各要素内部保持内在联系,互补相成,纵横协作,整体作战,从而达到德育的有序、高效和整体优化"[1]。德育一体化,内在地包含了大中小学德育一体化和大中小学德育课程一体化。大中小学思想政治课一体化是大中小学德育一体化的思想政治课形态。由于思想政治课是进行思想政治教育的主渠道,所以大中小学思想政治课一体化也是大中小学德育一体化的主导部分。推进大中小学思想政治课"一体化建设",核心问题是实现"一体化",主要体现在纵向和横向两个方面。

从纵向方面看,主要是解决大中小学思想政治课存在的各自为战、相互脱节

---

[1] 张孝宜,李辉,李萍. 德育一体化研究[M]. 广州:广东高等教育出版社,1997.

的问题，实现衔接贯通。一是明确大中小学思想政治课课程定位的衔接贯通。要提高大中小学思想政治课一体化的思想认识，在课程名称、课程性质、课程功能的一体化上达成共识，并自觉遵循。各学段都要把思想政治课作为重点课程，高度重视，加强建设，决不能忽视和削弱。二是实现大中小学思想政治课课程目标的衔接贯通。要把立德树人、培养社会主义建设者和接班人的根本任务贯穿大中小学各学段，根据有关文件中关于"小学阶段重在启蒙道德情感""初中阶段重在打牢思想基础""高中阶段重在提升政治素养""大学阶段重在增强使命担当"的具体要求，制定具体实施方案，确保在育人过程中各学段的教学目标各有侧重、阶梯式推进。三是加强各学段思想政治课内容的衔接贯通。大中小学各学段思想政治课内容既要对接好，避免简单重复和顺序倒置，又要续接好，避免脱节和跳跃，逐级放量、螺旋上升。同时也要注意各学段不同年级思想政治课、各门思想政治课之间的内容衔接（如"新时代""核心价值观"等内容），增强思想政治课内容体系的系统性、进阶性、规范性，进行必要交叉和重复，避免过多交叉和重复。四是注重大中小学思想政治课育人过程的衔接贯通。学生思想品德的形成是一个从小学到大学长期积累、连续成长的过程，要遵循学生成长规律和教育规律，做到循序渐进、接力推进、螺旋上升。

从横向方面看，主要是解决思想政治课育人要素配合不够、合力不强的问题，实现协同联动。一是加强思想政治课教学机构之间的沟通协作。不同学校可以采取单位结对、教师结对、学生结对等多种形式开展结对活动。通过机构协同平台，打破围墙，加强合作，促进相互学习、相互借鉴，实现资源共享、优势互补。二是加强思想政治课教师队伍的交流互动。除了不同学校之间思想政治课教师的交流互动，还可以加强大中小学思想政治课教师队伍一体化培养培训。要树立思想政治课教师共同体意识，通过进行集体备课、加强经验交流、开展合作教学、深化研究合作、同上一堂思想政治课等方式，增进相互了解，打破"教学壁垒"。三是加强思想政治课育人载体的共建共享。思想政治课的育人载体主要包括教材、图书资料、校园文化、校园网、实践活动等，不同学校的思想政治课育人载体各具特色、各有优势。此外，社会上的博物馆、展览馆、纪念馆、革命遗址等场所已成为大中小学思想政治课共同的重要教育教学基地。四是促进其他各类课程与思想政治课的同向同行。要发挥各类课程的思想政治教育功能，与思想政治课形成协同育人效应。

2.构建区域德育长效工作机制

在德育整合建设中，要坚持以德育任务为导向，构建以城市为主体范围和基本单元的具有空间特色的教育系统治理联动机制。首先是强化相关地区的大中小学的合作协助，围绕学校教育体制进行思想政治课程整合，达到资源共享和交流互动的目的。尤其是在高校提供智力团队、学科研究、条件保证的基础上，指引和支撑中小学的思想政治课程改革。其次是组织学校、家庭和社会的互动交流，厘清地方教育整治和教育融合中学校、家庭与社会的相互依存、和谐共生关系，从而为德育的整合提供机制保障。最后是推动本地区域大中小学德育教师专业发展通道建设，给高校德育教师教研、知识和理论创新提供平台，搭建中小学德育教师教育经验、实践智慧和隐性知识的归纳和提升平台，实现大中小学德育教师专业素质和专业水平的全面提高。

3. 统筹大中小学德育课程的教育内容

在各个学段，德育的主体内容安排是相同的，只是要求的层次不同，表现出螺旋式上升过程，需要教师在一体化指导纲要的引领下，依据学生的认知水平，用最近发展区的理论做指导，找到与学生道德情感最近的点，由此出发，逐步推进，循序渐进，有效地实施德育课程。

（1）德育教材内容衔接的重要性

第一，关系学生对德育内容体系的建构。

大中小学德育教材内容包含人的世界观、人生观、价值观、政治方面、经济方面、文化方面和生活方面，可以说是涵盖了人们生产生活的每一个部分。德育教材内容的衔接，关系到学生德育体系的构建。学生在上德育课时，会学习到不同的德育知识，如果知识衔接得不好，便不能构建一个完整的知识体系。

第二，关系教师教授内容是否断带。

德育教师是教材知识的提炼者和分享者，大中小学德育教师充分了解自身所在阶段的德育内容，但是对不属于自身教学阶段的德育教材内容了解程度各不相同。初中阶段教师按照书本教授德育课程时，会出现知识内容广度、深度不足的现象，为高中教师带来一定的教学阻碍。同样，高中教师在教授高中德育内容时，不了解初中所讲授的知识，可能会出现个别知识的断带情况。为更好避免教师教学过程中出现德育知识断带的情况，大中小学德育教材内容的衔接十分重要。

第三，关系学校德育课程衔接的重要性。

大中小学德育教材内容的衔接，关系到学校德育课程的衔接情况。大中小学德育教材是德育课程中至关重要的一部分，教材内容的设定影响着教师对课程目标、课程内容和课后巩固的安排。大中小学阶段各年级德育教材内容的衔接，影响着每一节课程的衔接，如果德育教材内容衔接不恰当，德育课程的效果和学生对德育课程的兴趣以及课堂时间的利用效率就会大打折扣。同样，大中小学教材衔接如果不恰当，课程在衔接过程中会出现教学的问题。如初中课程内容和高中课程内容有交叉重叠，有的内容安排在不符合学生发展规律的阶段，知识难度的衔接不是递进的状态而是跨越的情况。德育教材内容的衔接直接影响到德育课程的效果，因此，德育教材内容一体化十分必要。

（2）衔接性问题的完善策略

首先，教材内容要具有递进性。由于学生在各个阶段吸取知识的能力、分析问题的能力以及逻辑思维的能力有差距，因而德育内容要具有层层递进性。低年级阶段，生活化的例子和材料可以使学生更容易接受也更容易产生对道德情感、道德事件的共情，运用简单易懂的例子与生活化的材料逐步树立学生的德育观。在高年级阶段，适当增加材料与互动性问题的难度，为分析问题的能力打下坚实的基础。高中、大学阶段，模块化知识的内部要掌握好每一小节的关系，做到理论——实践——升华的递进，让学生在掌握德育知识的前提下，对当前的社会树立独立的正确德育观。

其次，避免内容的重复性。在大中小学德育教材中，内容重复的现象仍然存在，由此在教材编写的过程中尽量避免教材内容重复。一方面，在教材的编写中，可以将重复的部分精简论述，也可以适当调整体系结构，体系结构的改变，相对应的知识点也会发生变化。另一方面，避免内容重复性也可以构建大中小学德育内容衔接的保障机制，统揽大中小学德育内容的衔接工作，保证不同学段的德育内容都能有充分的交流和沟通。

再次，重视教师教学内容的衔接。在德育课中，教师扮演着不可或缺的角色，在教学中要灵活地进行教学衔接，如灵活安排教材内容，小学、中学德育教材可以补充时政热点，也可以有意识地锻炼学生的思维能力。大学德育教学要引导学生建立完整的德育体系，以便学生系统掌握知识。大中小学德育教师要树立自觉衔接知识的意识，加强各学段德育教师的交流与互动。

最后，统筹德育课程内容还需要注意学科教学内容与其他课程内容有机结合。生活具有整体性，解决生活中哪怕看似极微小的问题，也往往需要多学科协作进行。德育学科尽管具有领域独特性与相对独立性，但与其他学科之间相互影响，在德育一体化的背景下，应增强课程的开放性，积极开发各门课程中的相关资源，加强与其他课程的有机联系和融通，形成教育合力。包括学会借其他学科"东风"，充分利用其他课程的优势，特别是学生兴趣较大、积极性较高的教学内容为我所用；统筹安排地方和学校课程，开展法治教育、廉洁教育、反邪教教育、文明礼仪教育、环境教育、心理健康教育、劳动教育、毒品预防教育、影视教育等专题教育。

4."课程思想政治"与中小学学科德育相对接

思想政治课是学校思想政治教育的主渠道，同时其他各类各门课程也都有独特的思想政治元素和思想政治功能。习近平总书记在2016年全国高校思想政治工作会议上的讲话中强调指出："要坚持把立德树人作为中心环节，把思想政治工作贯穿教育教学全过程，实现全程育人、全方位育人"，"其他各门课都要守好一段渠、种好责任田，使各类课程与思想政治理论课同向同行，形成协同效应"[①]。这些重要论述实际上就蕴含了课程思想政治的要求。在学习贯彻这次会议精神的过程中，上海率先提出了"课程思想政治"的理念，有学者认为"课程思想政治实质是一种课程观，不是增开一门课，也不是增设一项活动，而是将高校思想政治教育融入课程教学和改革的各环节、各方面，实现立德树人润物无声"[②]。"课程思想政治"的理念是教书育人职责的课程体现，其意义在于强调任何课程都要增强育人意识，发挥思想政治教育功能。"课程思想政治"是通过包括思想政治课程在内的所有课程来实施的，它要贯彻到高校各类各门课程之中，不能把"课程思想政治"片面地理解为非思想政治课的思想政治，也不能理解为"思想政治课程+课程思想政治"。正如教书育人的理念也包括对思想政治课教师的要求一样，"课程思想政治"也包括对思想政治课的要求。思想政治课教师增强"课程思想政治"理念要解决的主要问题是克服把思想政治课内容边缘化、中性化、迎合化等问题，专业课教师增强"课程思想政治"理念要解决的主要问题是课程无思想政治、思想政治不到位、课程"思想政治化"等问题。"课程思想政治"的正式提出，是在2019年8月中共中央办公厅、国务院办公厅印发的《关于深化新时代学校思想政治理论课改革创新的若干意见》中。文件明确提出："整体推进高校课程思想政治和中小学学科德育……发挥所有课程育人功能，构建全面覆盖、类型丰富、层次递进、相互支撑的课程体系，使各类课程与思想政治课同向同行，形成协同效应。"教育部2020年5月28日印发的《高等学校课程思想政治建设指导纲要》中也指出，"把思想政治教育贯穿人才培养体系，全面推进高校课程思想政治建设，发挥好每门课程的育人作用"。"课程思想政治"的理念，实现了高校课程思想政治与中小学学科德育的对接，促进了高校课程思想政治与中小学

---

① 习近平在全国高校思想政治工作会议上强调：把思想政治工作贯穿教育教学全过程开创我国高等教育事业发展新局面[N].人民日报，2016-12-09（1）.

② 高德毅，宗爱东.课程思想政治：有效发挥课堂育人主渠道作用的必然选择[J].思想理论教育导刊，2017，（1）.

学科德育的一体化，解决了大中小学各类课程与思想政治课相互配合的问题，把同向同行的要求贯穿于大中小学全过程。这也是全国高校思想政治工作会议提出"把思想政治工作贯穿教育教学全过程"的要求向中小学的延伸。从课程体系来说，思想政治课则是高校课程思想政治和中小学学科德育的领航课程，其他课都要与思想政治课同向同行。推进大中小学德育一体化，必须首先加强大中小学思想政治课的一体化建设，才能确保育人的正确方向。这也是推进大中小学思想政治课一体化建设的意义所在。

"课程思想政治"的理念，不仅实现了由"思想政治课程"向"课程思想政治"的拓展，而且也要求由"学科德育"向"学科思想政治"的深化和提升。"学科思想政治"是学科德育的升级版，是对学科德育的政治提升，也是大中小学德育一体化建设的必然要求。推进大中小学德育一体化建设，自然包括中小学的"思想政治"教育，要把"思想政治"任务贯穿大中小学各学段，把中小学学科德育推进到"学科思想政治"的要求上来，实现大中小学"思想政治"话语的一体化。

二、学校家庭社区三位一体德育建设

新课改更加注重学生的个性化发展以及道德方面的培育，尤其是中学阶段，学生们的三观还没有成型，这个时期开展德育，可以最大化促进青少年的健康发展。学生所能接触到的环境也就是家庭、学校和社区，所以中学德育工作建设要展开三位一体的模式，最大化帮助学生建立正确的三观。

（一）三位一体德育的现状

1. 德育理念上存在差异

孩子受教育的第一个场所就是家庭，父母就是孩子的启蒙老师，家庭的家风会对孩子产生很大的影响，同时在父母的熏陶下，孩子会逐渐形成自己的思想观念。所以在家庭的影响下，第一次出现了德育观念的差异性。学生们一起接受教育的场所就是学校，其主要目的是对学生展开正确的指导，学生们以往的观念会在学校里进行融合或者碰撞，学生在这一环境下也逐渐适应了群体生活。学生们日常生活以及展开实际操作的场合就是社会，在网络时代的背景下，社会带来的德育观念会给学生带来很大的冲击。把这三项结合在一起对学生展开德育，这是每个学生都要经历的。但是在这一过程中，会存在一些问题，包括他们在德育理念上的差异，家长的观念是对知识比较看重，认为德育是排在理论知识后面的，他们在对孩子进行教育的过程中，往往是以自己的体验或者经历来告诫孩子，这样的教育是片面的。社区中的德育理念大多是在实践中完成的,学生们在学习了理论知识以后,在实践中会出现困难,这也会让学生在这三者之间产生困惑,从而对学生的道德理念产生影响。

2. 合作中缺乏对德育的沟通

目前阶段的德育工作开展,虽然提升了这三方的合作力度,但是在对德育的沟通上,还是存在一些问题。在实际生活中,家长对学校在开展德育工作中有一些误会,因此对此产生了怀疑,还有的家长直接否定了学校德育,这会大大影响德育工作的开展。还有一些是在开展工作时缺乏沟通,然后出现了学校和德育方面的冲突,社会在德育工作方面的无力感,这些都是在德育方面需要解决的难题。德育工作的开展使三者之间进行及时的沟通,最大化发挥出德育的价值,提升对德育工作的沟通,提升对彼此的理解,最大化提升德育工作的效率。

(二)三位一体展开的德育策略

1. 三方有效合作完善工作机制

在实际生活中,到处都有德育工作的开展,因此把德育工作放在这三者的互动中,最大化对教育机制进行完善,这样的情况下,可以更顺畅地开展德育工作,学生们在各个场合中,把已学过的德育知识发展成德育行为,最大化实现德育知识的学以致用。因此只有把这三者融合在一起,共同实施德育的教育,把德育知识融入各个细节中,最大化发挥出德育的教育力量,提升德育的效率,促进德育工作的有效开展。因此,要对德育的机制进行完善,形成合作模式,首先要构建委员会,对管理制度进行优化,提升家庭德育和学校内的德育的结合;其次是要不断地展开德育的培训,主要针对人群是家长,让家长深入地感受到德育的重要性和意义,还要在家庭教育的过程中融入德育,从各个方面来凸显出德育的教育;最后,把德育工作放到社区中去实践,打开学生的眼界,为学生提供更多的实践机会,提升社区在德育方面的培养意识,为学生的发展奠定基础。

2. 促进三者沟通实现和谐发展

中学生阶段是逐渐走向成熟的阶段,社会上的观念会对其产生很大的影响,在某些时候会盖过家庭和学校带给他的影响,但是这并不代表要放弃对德育的教育,而是要加强三位一体德育,在这其中,每个人都是德育工作的组织者和参与者,所以,这三者要加强沟通和协调,最大化培养学生的德育观念。在家庭和学校的沟通方面,家长要有一定的德育责任感,主动和班主任展开联系,在学校活动中,对德育的实际情况进行关注,和学校在德育方面做到一致。在学校和社区的德育交流中，学校可以把理论知识和社会实践进行有效结合，引导学生积极地参与到活动中，提升学生的道德品质。在家庭和社区的沟通中，要最大化使用互联网技术，家长要对热点时事以及社会动态进行及时的关注，并且把得知的内容及时地传输给学生，对于一些不良行为可以筛掉，正确教导孩子，争取形成好的家风。

参考文献

[1] 张杰,李俊,欧权.新发展阶段中学德育工作创新思考[J].中学政治教学参考,2021(43):33-34.

[2] 高青兰,阎亮澄.先秦理性精神与中学德育的契合研究[J].湖北工程学院学报,2021,41(4):81-84.

[3] 张庆楠.中学德育与大学德育的衔接问题研究[J].黑龙江教师发展学院学报,2020,39(8):82-84.

[4] 欧健,朱德全.中学生态整合式德育课程：意涵与建构[J].中国教育学刊,2020(4):79-84.

[5] 黄耘.中国传统孝文化融入中学德育的价值和路径研究[J].科教文汇(中旬刊),2020(2):38-39.

[6] 柴婷玉.隐性教育策略在中学德育工作中的应用[J].现代交际,2019(16):122-123.

[7] 杨俊铨,刘婉.蔡元培的中学德育探索与启示[J].广西社会科学,2019(8):173-178.

[8] 胥高婕.论中学德育环境所存在的问题及优化建议[J].科教文汇(上旬刊),2019(8):104-106.

[9] 王怀军,张建红,谭刚.基于国外经验的中学德育创新探析[J].中学政治教学参考,2019(21):69-71.

[10] 肖彩燕.新媒体对中学德育的影响[J].现代交际,2019(12):130-131+129.

[11] 丁幼新.关怀教育理论在中学德育中的实践探索[J].中学政治教学参考,2019(18):71-73.

[12] 马炳彩.中学德育工作问题探究及对策浅析[J].文学教育(下),2019(6):170-171.

[13] 朱秀.基于新时代背景下中学德育的创新分析[J].科学咨询(教育科研),2019(5):5-6.

[14] 任园, 陈宁. 改革开放40年中学德育课程回顾与展望 [J]. 思想政治课教学, 2018(12)4-8.

[15] 孟海. 基于中学德育现状及方法论述 [J]. 农村经济与科技, 2018, 29(14):248-249.

[16] 安立魁, 王一定. 智慧校园背景下中学德育工作的路向 [J]. 教学与管理, 2018(18):44-47.

[17] 李朝宝. 中学德育低效的成因及解决办法 [J]. 教学与管理, 2018(10):23-25.

[18] 李晓东. 新时代中学德育课程的发展及其应对策略 [J]. 中国德育, 2018(4):26-30.

[19] 周明星. 中学德育协同体系的构建 [J]. 教学与管理, 2018(3):40-42.

[20] 宗钰. 红色文化在中学德育创新中的着力点 [J]. 教学与管理, 2017(34):15-18.

[21] 孟庆男, 任翠. 中学德育学科教学论百年发展史探究 [J]. 课程. 教材. 教法, 2017, 37(12):64-70.

[22] 冯文全, 陈晓霞. 中学德育存在的问题及对策分析 [J]. 教育与教学研究, 2016, 30(6):117-120.

[23] 卿艳珺. 国外中学德育模式及其对中国德育的启示 [J]. 科教文汇(中旬刊), 2016(2):107-108.

[24] 焦传凤. 中学德育实效性存在的问题及成因分析 [J]. 才智, 2016(1):83-84.

[25] 陈也轩. 中学德育的现状与思考 [J]. 教育教学论坛, 2015(49):41-42.

[26] 李超民, 谭媚. 中美两国中学德育情境教学模式比较研究 [J]. 学术论坛, 2015, 38(9):155-160.

[27] 王小琴. 谈社会主义核心价值观与中学德育之融合 [J]. 牡丹江教育学院学报, 2014(7):68-69.

[28] 袁园. 中学德育课程实施的问题研究 [J]. 上海教育科研, 2013(10):37-41.

[29] 覃遵君. 中学德育导师制育人模式探讨 [J]. 北京教育学院学报, 2012, 26(6):15-20.

[30] 胡昂. 大学与中学德育衔接性研究 [J]. 中国教育学刊, 2009(7):42-44.